TM영업으로
억대 연봉 버는 비법

COLD

PCM 개미멘토 Ice Kang

TM영업으로 억대 연봉 버는 비법

CALL

아이스 강QUAN GUANGLONG 지음

매일경제신문사

프롤로그

2013년 4월에 나는 한국에 왔다. 스물여섯 살의 중국 청년이 한국에서 할 수 있는 일은 많지 않았다. 나보다 먼저 한국으로 온 친구들 대부분은 막노동 또는 생산직을 하고 있었다. 그 당시 나는 여행비자로 왔기 때문에 일자리도 구할 수도 없는 신세였다. 나는 일할 자격을 얻기 위해 F4 비자가 필요했고, 피부 미용 자격증을 취득해 비자를 변경할 수 있었다.

당신은 '중국계 한국인'에 대해 어떤 이미지를 갖고 있는가? 한국에서의 중국계 한국인 이미지는 그다지 좋지 않다. 범죄의 주인공으로 언론에 보도된 적이 있어서 그럴 수도 있고, 한국말도 중국말도 아닌 독특한 언어를 사용해서 그럴 수도 있다. 우리는 중국에서는 소수민족으로, 한국에서는 외국인으로 늘 이방인이다.
특히 나의 경우는 더욱 그러하다. 나는 중국에서 태어났으나 중국의 사고와 문화가 아닌 서양의 사고와 문화를 선호했다. 그래서 중국계 한국인들은 나를 그들의 일원으로 보지 않는다. 나 또한 그들과 있는 것이 편하지 않았다. 그렇다고 해서 내가 호주인이거나 한국인인 것도 아니다. 그렇게 나는 어디에서나 '이방인', '변종인'이었다.

이런 내게 한국은 아주 특별하다. 나의 꿈을 이루는 첫 단추가 이곳에서 시작되었기 때문이다. 나는 창업에 성공해 가난에서 벗어났고, 평생 함께하고픈 아내도 만났다. 이렇게 오랜 기간 꿈꿨던 '의미 있는 관계'와 '의미 있는 일'이 모두 한국에서 이뤄졌다. 이 감사함은 이루 말할 수 없다. 한 가문이 일어서려면 1명이라도 잘되는 사람이 나와야 한다. 과거의 나는 그 사람이 내가 되어야 한다고 생각했고, 그 꿈은 현실이 되었다. 그리고 이것은 내가 책을 쓸 것을 결심한 이유이기도 하다. 나는 내가 한국에서 받은 것을 한국에 돌려주고 싶었다.

중국인이 한국말로 책을 쓰는 것은 엄청난 도전이다. 한국말로 코칭을 해서 한국말을 잘 할 수 있다고 해도 글을 쓰는 것은 또 다른 영역이기 때문이다. 하지만 나는 해내야만 했다. 과거의 나처럼 헤매는 사람들을 돕고 싶었기 때문이다.

내가 '개미 멘토'로 상표등록을 한 것 또한 나의 동정심과 정체성을 나타내기 위함이었다. 과거의 나는 철저하게 밑바닥 인생의 개미였다. 안타깝게도 그 당시 나를 도와줄 수 있는 사람은 없었다. 그래서 나는 많은 돈과 시간을 잃었다. 하지만 결국 하나님의 계획 속에서 길을 찾았고, 지금은 다른 사람을 도울 수 있는 능력을 갖추게 되었다.

한 사람을 변화시키는 일은 쉽지 않다. 그러나 내가 직접 깊이 개입한 사람들은 결과적으로 모두 변했다. 어떤 사람은 영업 이틀 만에 천만 원이 넘는 매출을 올리기도 했고, 어떤 사람은 불과 몇 개월 만에 억대 연봉자 되어 수십 년 동안 시달리던 가난에서 벗어났다. 무엇보다 이런 기술은 한번 익히고 나면 누구도 뺏어가지 못한다. 그래서 다시 가난한 상태로 돌아갈 확률이 낮다.

이 책을 통해 내가 전하고 싶은 메시지는 단순하다. 나처럼 돈 없고, 학벌 없으며, 인맥 없는 사람, 게다가 이민자가 전화 한 대로 자수성가했다면, 누구나 할 수 있다는 메시지다. 다만 그것이 가능한 데는 이유가 있을 뿐이다. 나는 그 이유를 이 책에 투명하게 표현해냈다. 내가 고객에게 사용한 멘트까지 담아 최대한 현장감을 살려보려고 노력했다.

이미 억대 연봉의 영업인이든, 그렇지 않든 이 책을 통해 당신의 지금 상황이 '운'인지, '실력'인지 객관적으로 판단할 수 있는 계기가 될 것이다.

　마지막으로 내가 지금의 모습으로 살 수 있도록 믿고 헌신한 천사 같은 어머니 강연자 님, 카리스마 리더십 아버지 전명철 님, 그리고 《내 아이만큼은 나와 다른 삶을 살기를 바란다》의 저자이자 아내인 주하영에게 사랑의 마음을 전한다.
　그리고 외국인의 신분으로 대한민국에서 책을 출판할 수 있도록 이끌어주신 나의 스승 〈한국책쓰기강사양성협회〉의 김태광 대표님, 권동희 대표님, 〈함께하는 교회〉의 채현석 목사님, 김현정 사모님 그리고 진정한 개미들의 멘토 〈10배의 법칙〉 저자 그랜트 카돈에게도 감사의 마음을 진심으로 전하고 싶다.

2022년 가을이 무르익어가는 어느 날
아이스 강

차 례
CONTENTS

프롤로그   4

1장
당신에게 TM영업이 힘든 이유

01   당신에게 TM영업이 힘든 이유   13

02   두려움에 먹이를 주지 마라   20

03   내가 콜드콜을 하면서 가장 많이 했던 5가지 실수   27

04   60대 그녀가 콜드콜을 택한 이유   35

05   당신이 영업을 주먹구구식으로 하는 이유   42

06   열심히 사는데 잘 안 풀리는 이유   50

07   노력×운=운명   57

2장
왜 그 사람이 말하면 빠져들게 될까?

01   고객의 늪에 빠지지 마라   67

02   인맥이 없이도 억대 연봉자가 될 수 있다   74

03 1%가 되기 위해서는 99%와 다른 선택을 하라   80

04 TM영업, DB도 없이 할 수 있을까   87

05 부족하다와 같은 말은 겸손이 아니다   94

06 왜 그사람이 말하면 빠져들게 될까   100

07 고객이 자꾸 거절하면 이렇게 해보라   108

3장
고객의 마음을 사로잡는 TM영업 7가지 원칙

01 파는 것이 아니다. 사게 하는 것이다   117

02 이익이 없는 곳에 이익이 숨어 있다   124

03 이렇게 클로징 하라   132

04 대화 속에 정보가 있다   139

05 16%, 333법칙을 기억하라   145

06 TM에도 균형이 필요하다   153

07 최악의 상황에도 절대 잃지 말아야 할 것   160

4장 ——————————————————
한 번에 훅 꽂히는 촌철살인 TM기술

01 클로징 효과 10배 높이는 비법   169
02 고객의 의심을 확신으로 바꾸는 TM기술   176
03 고객의 반박에 무조건 동의하라   184
04 고객이 거절할 때 놓치고 있는 것   191
05 나는 고객에게 충분한 정보를 주고 있는가   199
06 한 번에 훅 꽂히는 촌철살인 TM기술   206

5장 ——————————————————
당신도 억대 연봉 텔레마케터가 될 수 있다

01 나의 잠재력과 가능성을 믿어준 사람들   215
02 미루는 순간 두려움은 2배가 된다   222
03 당신도 억대 연봉 텔레마케터가 될 수 있다   229
04 지금 쓰고 있는 시간이 당신의 미래다   237
05 실패 경험이 쌓인다고 성공하는 것은 아니다   246
06 포기하지 않았던 것이 가장 큰 자산이 되었다   253

《 1장 》

당신에게
TM영업이 힘든 이유

TM영업으로
억대 연봉
버는 비법

당신에게
TM영업이 힘든 이유

TM영업으로 억대 연봉 버는 비법

 2022년 최저임금은 시급 9,160원이다. 일반 주부들이 부업으로 벌 수 있는 돈은 보통 월 50만 원~120만 원이다. 이처럼 열심히 노동해서 벌 수 있는 돈에는 한계가 있다. 알바몬에서만 보더라도 더 많은 돈을 벌기 위해서는 보통 마케팅, 영업직을 선택해야만 한다. 일반인에게 고소득을 보장해줄 수 있는 유일한 진로는 영업이다.

 한국에 처음 왔을 때 내 나이는 스물여섯 살이었다. 외국인 유학파 출신치고는 고등학교 졸업장 이외에 나의 신분을 증명해줄 게 아무것도 없었다. 학교 공부와 너무 맞지 않아, 호주 멜버른에서 직업학교에 다니다가 중퇴했기 때문이다. 그런 내가 한국에서 선택할 수 있는 직업은 얼마 되지 않았다.

이런저런 일거리를 알아보기 위해 인터넷을 검색해봤다. 내가 할 수 있는 일은 생산직 또는 영업직 이외에 아무것도 없었다. 나는 몇 개의 보험회사에 지원했고 면접이 잡혔다. 위아래 멋진 정장을 차려입고 면접을 보러 간 나는 면접관의 질문에 아주 자신 있게 대답했다. 꽤 성공적인 면접이었기에 며칠 후 출근하라는 소식이 올 거라 기대했다. 하지만 일주일이 넘어도 문자 한 통이 없었다. 나는 면접에서 떨어졌다는 것을 직감적으로 알게 되었다.

지금 돌이켜 보면 내가 떨어진 이유는 크게 2가지다. 첫 번째, 태도다. 나는 면접 보는 내내 평소 습관대로 다리를 꼬고 앉아 있었다. 나중에 알게 된 사실인데, 한국 사회에서는 절대 그런 자세로 면접에 임하지 않는다고 한다. 두 번째, 한국인과 다른 나의 정서와 성향이다. 나는 중국과 미국의 기업가들을 멘토로 삼고 있었기에 극단적으로 투명하고 창의적인 사람이다. 나의 의견을 밝히는 데도 주저함이 없고, 의견을 수용하는데도 열려 있다. 하지만 그들은 나의 주관이 너무 뚜렷해 조직 생활에 적응하지 못할 거라고 생각했다. 나를 부담스럽게 느낀 면접관들은 결국 내게 기회를 주지 않았다.

그렇게 다양한 시도 끝에 내가 마지막으로 선택한 것은 TM영업이었다. 나는 전화기 한 대로 1인 창업을 시작했다. 자본 없이 시작할 수 있는 유일한 길이기도 했고, 내가 포기하지 않는 이상, 절대 잘릴 수 없다는 게 가장 큰 장점이었다.

한국에서는 보통 TM영업을 선호하지 않는다. 그러니 나처럼 아무것도 없는 사람에게나 주어지는 마지막 기회라고 생각할 수도 있다. 하지만 나는 다르게 생각한다. TM영업이야말로 일반인이 가장 빠르게 고소득 스킬을 익힐 수 있는 도구이기 때문이다.

외국에서는 TM을 '콜드콜' 또는 '아웃 바운드'라고 부르기도 한다. 내가 콜드콜을 처음 접한 것은 2014년 어떤 미국인의 유튜브 동영상에서다. 영상 속의 그는 자신의 영업 사원들이 고객과 통화하는 도중에 갑자기 전화기를 뺏어 자신을 소개했다. 그러고는 곧바로 자신의 회사 상품을 구매하지 않으려는 이유를 물었다. 그는 추가적인 몇 가지 질문을 했고, 곧이어 계약을 성사시켰다. 얼굴도 보지 않은 상태에서 수천만 원에 이르는 계약을 성사시킨 후 바로 결제까지 진행했다. 그렇게 하나의 계약을 종료 후 그는 다른 영업 사원의 전화도 가로챘다. 그리고 또 다른 계약을 성사시켰다.

한 번도 아니고 두 번 연속 계약을 성사시키는 모습을 보면서 나는 정말 믿을 수 없었다. 이게 과연 가능한 일일까? 나는 영상을 반복해 보고 또 봤다. 그가 하는 질문, 스크립트 그 모든 것을 하나하나 놓치지 않고 수십 번 반복해서 봤던 기억이 난다. 그 순간 나는 '맙소사! 이게 바로 나의 미래구나!' 싶었다. 영상 속의 그는 《10배의 법칙》 저자 그랜트 카돈(Grant Cardone)이다. 내가 그를 발견했을 당시 그는 '영업 교육 프로그램'을 콜드콜로 판매하고 있었다. 나는 곧바로 그를 나의 멘토로 삼았다. 그리고 그의 책, 오디오, 방송 인터뷰, 컨설팅 교육 프로그램을 구매하기 시작했다. 내가 영어를 할 수 있다는 것이 가장 감사한 순간이었다. 그렇게 나는 9년간 집착에 가까울 정도로 그를 따르고 모든 것을 흡수했다.

한국에는 이미 TM영업이 많이 알려져 있다. 하지만 많이 알려졌다고 모두 제대로 하고 있다고 볼 수는 없다. "TM영업은 아무나 하는 거 아니야", "TM영업은 이미 끝났어", "TM영업은 못 해먹을 일이야", "TM영업을 하기보다는 차라리 취업하는 게 빠를 거야", "사람은 말이야, 만나야 계약이 성사되는 거야" 등의 부정적인 시각도 만만치 않다. TM영업을 하는 사람도, TM영업을 당하는 사람도 이런 선입견과 고정관념에 사로잡혀 있다. 이런 생각이 자리 잡힌 데는 분명 이유가 있을 것이다.

나는 '대출 신청 상담, 통신회사 기기 변경, 부동산 판매' 관련 TM을 일부러 받는다. 콜드콜을 가르치는 코치로서 그들을 관찰하고 싶은 마음 때문이다. 하지만 전화를 받으면서 내가 느꼈던 점은 'TM영업 사원들이 제대로 훈련되어 있지 않다'라는 것이다. 그들 대부분은 자신이 현재 무슨 일을 하고 있는지도 모르는 것 같다. 또는 콜수를 채우기 급급해 보이기도 한다. 애정 어린 눈으로 그들을 바라보는 나조차 이렇게 느껴진다면 고객은 어떻겠는가?

한국에서 TM영업 기술은 발전은커녕 아예 시작되지 않았거나 멈춰 있다. 외국인으로서 한국 시장에 대해 감히 이런 말을 내뱉다니, 거만해 보일 수도 있겠다. 그러나 이 말은 그만큼 TM영업의 시장 가능성이 크다는 말이기도 하다. 당신이 제대로 된 기술과 심리를 갖춘다면 말이다.

TM영업으로 개인사업을 운영하던 중 문득 이런 생각이 들었다. '직접 한국 TM영업 조직에 들어가 일해 보면 어떨까?' 내가 선택한 곳은 작은 바이럴 마케팅 홍보회사였다. 출근 첫날 나는 팀장의 지시대로 스크립트를 몇 번 훑어보고 바로 콜드콜을 시작했다.

우리의 업무는 자영업장에 전화해 홍보 마케팅에 관한 브리핑 방문 약속을 따내는 일이었다. 콜드콜 초보든, 능숙한 사람이든 전화기를 드는 행위 자체가 참으로 두렵다. 그래서 콜드콜 영업을 시작한 후 적게는 몇 주, 많게는 몇 달의 적응 기간이 필요하다. 그 가운데 힘들어서 포기하는 사람이 대부분이다.

나는 그동안 내가 배우고 실천해온 방법을 직접 실험해보기 시작했다. 그리고 그 결과는 환상적이었다. 처음 일을 시작했을 때는 약속을 다섯 군데 잡는 데 온종일이 걸렸다. 하지만 얼마 지나지 않아 나는 하루에 최대 열세 건의 약속을 잡기도 했다.

물론 운의 영역을 무시할 수는 없다. 하지만 매일 이렇게 약속을 잡는 게 단순히 운이 좋아서라고 치부할 수는 없다.

그 당시 나의 역할은 브리핑 약속을 잡는 것까지였다. 방문 영업 사원은 따로 있었기 때문이다. 하지만 계약 성사를 높이는 것은 콜드콜의 질과 밀접하게 연결되어 있었다. 고객의 마음이 열리지 않은 상태에서 억지로 약속을 잡으면 방문 영업 사원을 반기지 않기 때문이다. 그래서 누가 콜드콜을 했느냐에 따라 계약 성공 결과가 달랐다. 그 당시 나의 콜드콜로 연결된 약속은 높은 성공률을 보였고, 곧 방문 영업 사원들은 내가 잡은 미팅을 선호하게 되었다. 이렇게 입사한 지 얼마 안 되어 계약 성공률을 높이는 데 공헌하면서 나는 자신감을 얻게 되었다.

어떻게 나는 단기간에 그런 일을 해낼 수 있었을까? 말주변을 타고난 사람은 조금 더 유리한 입지에서 출발할 수 있다. 그러나 나는 절대 유전적으로 말주변을 타고난 사람은 아니었다. 게다가 외국인이기에 한국말이 서툴러 보이스 피싱이 아니냐는 오해도 여러 번 받았다.

다른 사람보다 불리한 조건이었기에 그쯤에서 멈출 수도 있었다. 하지만 나는 오히려 단기간에 반복적으로 도전했다. 그리고 쉼 없이 더 많이 시도할수록 두려움이 사라진다는 사실을 알게 되었다. 이 말은 '두려움이 크다는 것은 기술이 부족하다는 신호이고, 두려움이 줄어든다는 깃은 기술이 발전하고 있다는 신호다'와 같은 말이다.

　아무것도 가진 것 없는 사람은 말이라도 잘할 수 있어야 한다. 하지만 한국 사회에서 나 같은 외국인은 말을 잘하는 것만으로는 부족하다. 높은 티켓을 판매할 수 있는 고소득 기술과 심리를 가져야 한다. 내가 콜드콜을 사랑하고, 콜드콜을 코칭하는 이유가 바로 이것이다.

　TM영업 말고는 단기간에 나를 성장시킬 수 있었던 도구가 지금까지 단 하나도 없었다. 같은 1시간을 보내더라도 남들보다 더 많은 도전과 더 많은 거절을 경험할 수 있는 도구는 TM밖에 없기 때문이다. 거절은 심리적 스트레스가 크다. 하지만 이것을 극복하면 얻게 되는 보상 또한 크다.

　이렇게 멋진 도구를 갖고도 여전히 TM영업이 힘들다면, 당신은 무언가 중요한 것을 놓치고 있는 것이다. 이제 운과 인맥을 통해 주먹구구식으로 영업하는 시대는 지났다. 사회는 점점 투명해지기를 요구한다. 고객들은 자신의 문제를 해결해줄 진짜 구세주를 기다리고 있다. 당신은 고객의 구세주가 될 자격이 있는 사람인가?

두려움에
먹이를 주지 마라

TM영업으로
억대 연봉
버는 비법

많은 사람이 나에게 이런 질문을 한다.

"TM영업을 하면서 두려움을 어떻게 극복하나요?"

이 질문에 답변하기 전에 꼭 알아둬야 할 것이 있다. 두려움은
나뿐만 아니라, 모든 사람이 가지고 있는 감정이다. 한국처럼 경
쟁이 치열한 나라에서 두려움을 잘 극복해내는 방법을 터득하
고 나면, 두려움은 오히려 수많은 경쟁자가 넘나들 수 없는 방
패 같은 역할을 해준다.

미국의 45대 대통령, 도널드 트럼프(Donald Trump)도 분명
두려움을 가지고 있었을 것이다. 다만 트럼프와 대부분 사람이
두려움에 대처하는 능력의 차이가 있을 뿐이다. 두려움은 허상

이다. 두려움은 진짜가 아니다. 그러나 많은 사람이 두려움에 사로잡혀 살고 있다.

대부분 사람은 두려움이 몰려오면, 걱정하고 상상한다. 그 두려움을 극복하는 대신, 마치 귀신에 홀린 듯이 두려움과 함께 시간을 보낸다. 시간은 약이라고 하는데, 두려움에 시달리면서 보내는 시간은 가면 갈수록 치명적이다. 나 또한 이런 두려움을 경험한 적이 있다.

TM영업 초창기, 열정적으로 1인 창업을 했지만 많은 어려움을 겪고 있을 때였다. 그 당시는 온라인 교육이 아닌, 오프라인 교육이었기에 나는 일주일에 2,000킬로미터 이상 주행을 했다. 교육이 늦게 끝나 너무 피곤해 길 위에서 자는 경우도 많았다. 게다가 콜드콜 수강료는 다 합쳐도 자동차 기름값 정도밖에 안 되었다. 그래서 나는 낮에는 주로 건설 현장에서 막노동을 했다.

그 당시 나는 네트워크 마케팅 상위직급자들을 상대로 콜드콜을 가르쳤다. 그리고 내게 교육을 받는 수강생 중에, 유난히 결과를 빨리 냈던 K가 있었다. 겉보기에 똑똑하고 현명한 여성으로 보였다. 나름 중성적인 매력이 있어 그녀는 고객과의 친분도 금방 쌓았다. 그런 첫인상은 함께 협력관계를 오래 유지할 수 있겠다는 신뢰감을 금세 줬다. 그러나 사람은 오래 지내봐야 안다는 말이 괜히 있지는 않다. 내 삶의 가장 큰 불운이 시작된 것은 바로 그때부터였다.

코로나로 인해 강의가 줌으로 전환되면서, 전국 각지에 있던 고객들이 하나의 온라인 공간에 모이게 되었다. 그 공간에는 큰 규모의 팀, 작은 규모의 팀, 또는 소속이 없는 수강생도 있었다.

그런데 어느 순간 가장 큰 팀을 이끄는 K가 다른 교육생들을 무시하는 태도를 보이기 시작했다. 작은 규모의 팀과 소속이 없는 수강생은 그녀의 기에 눌려 눈치를 볼 수밖에 없는 상황이었다. K는 많은 사람 앞에서 자신으로 인해 오늘날 대한민국의 네트워크 TM영업이 시작되었다며, 자신 말고는 아이스 강의 이 기술을 절대 따라 할 수 없다는 망언을 하기도 했다.

그녀의 거만한 태도에 심적으로 불편을 느낀 사람이 1~2명이 아니었다. 그러나 그 당시 그녀가 가장 빠른 결과를 내고 있었기에 모두 입을 다물 수밖에 없었다. 나 또한 그녀로 연결된 수강생이 늘면서 그녀의 오만함을 묵인할 수밖에 없었다.

무언가 잘못 흘러가고 있음을 감지했을 때 그녀로 인한 불편을 못 견딘 많은 수강생이 나를 떠났다. 그리고 나는 자연적으로 그녀의 팀에서 발생하는 매출에 의존하게 되었다. 나의 불운이 시작된 때다.

나는 K를 비롯해 그녀와 연결된 하부조직 20명의 수강생을 잃게 될까 봐 두려웠다. 이런 두려움은 시간이 지날수록 더욱더 커져만 갔고, 결국 내가 걱정했던 일은 현실이 되었다. 하나의 사건으로 내게 악감정이 생긴 K는 자신을 포함해 수강생 모두의 환불을 요구해왔다. 그 당시 나는 도저히 어떻게 해야 할지 몰랐다. 혼자 이 모든 것을 이겨내야 한다니, 앞길이 막막했다. 10년 동안 어렵게 쌓아 올린 탑이 악연으로 인해 한순간에 무너지는 것을 바라보자니 내 마음도 무너질 것 같았다.

'하나님이 과연 존재하기는 하는 것일까? 외국인 신분으로 한국에서 이렇게 열심히 살았는데, 왜 하필 나에게 이런 사람을 만나게 했을까?' 나는 이 상황을 도무지 이해할 수 없었다. 하지만 이런 생각도 잠시. 얼마 지나지 않아, 결국 나는 K를 용서해 주기로 했다. 두려움에 먹이를 주면 얼마나 치명적인지, 더 늦지 않은 30대 초반에 경험하게 해준 K가 지금은 고맙기만 하다.

TM영업으로 1인 창업을 시작했을 때, 나는 정말 두려웠다. 할 수 있는 것이라고는 아무것도 없어서, 인터넷 블로그를 통해 타깃 고객층들을 하나하나 찾아봤다. 그중 전화번호를 노출한 사람들만 모아 전화를 거는 방식을 취했다. 그렇게 한참 동안 찾고 나면 20명이 넘는 리스트를 뽑을 수 있었다.

중요한 것은 그 이후부터다. 이들에게 무엇을 말하고, 어떻게 말해야 하는지 고민해야 했다. 그래도 첫 스크립트를 작성할 때까지는 큰 걱정 없이 기존 경험을 바탕으로 하나하나 적어 내려갔다. 하지만 막상 손가락으로 전화기의 버튼을 누르는 것이 너무 힘들었다.

나는 한참 동안 컴퓨터 앞에서 뽑아 놓은 리스트만 멍하니 바라봤다. 1분 1초, 흐르는 시간을 하나하나 다 느끼면서 말이다. 그러다 내가 바보 같다는 생각이 들었다. 이러면 안 되는데, 뭐라도 해봐야지 하는 생각으로, 다시 스크립트를 쳐다보고 혼자 큰 소리로 읽어 보기도 했다. 그러고는 다시 전화를 걸려고 버튼을 애써 누르려고 했지만, 결국 책상 앞에 멍하게 앉아만 있을 뿐 아무것도 할 수 없었다.

시간은 벌써 1시간 가까이 흘렀고, 나는 점점 초조해졌다. 다음 시간 또는 내일로 미루고 싶은 마음도 들었다. 옆에서 나를 위로해줄 사람은 아무도 없었다. 있어도 아무 소용없다는 것을 나는 누구보다 잘 알고 있었다.

그다음 날에도 할 수 있을 것만 같아 다시 책상 앞에 앉았다. 하지만 적어 놓은 스크립트와 인터넷에서 뽑은 리스트를 쳐다보고만 있을 뿐, 아무것도 하지 못하고 있는 자신이 너무 실망스러웠다. 이런 시간의 반복은 나를 더욱 괴롭게 만들었다. '더 쉬운 방법은 없을까? 다른 길은 정말 없는 것일까?'라는 생각이 머리에서 맴돌았다.

하지만 나는 알고 있었다. 그동안 다른 영업 방식으로 많은 시도를 해봤으나 시간만 낭비했을 뿐 결과는 좋지 않았다는 것을. 나에게 당장 결과를 안겨 줄 영업 방식은 오직 TM뿐이라는 것을.

그 당시 내가 혼자 힘으로 이런 상황을 이겨낼 수 있었던 것은 두려움을 없애는 방법을 깨달았기 때문이다. 두려움은 시간이라는 먹이를 주면 쑥쑥 자란다. 그래서 두려움을 이기려면 시간이라는 먹이를 절대 주면 안 된다. 즉, 두려움을 굶겨 죽여야 한다.

나는 두려움을 극복하기 위해 가장 두려운 어떤 것이든 5초간 유지하는 방법을 도입했다. 그리고 이것을 '5초의 기술'이라 칭했다. 5초간 두려운 것을 해버리는 것이다.

나는 콜드콜을 하지 못한 날은 5초간 '찬물 샤워'를 하면서 죄책감을 풀었다. 보통 안전지대에 머물러 있는 뇌는 하기 싫고, 두려워하는 것을 극복해내는 데 취약하다. 찬물 샤워의 목적은 뇌에 역행하는 행위를 당장 하도록 훈련하는 데 있다. 찬물 샤워는 내가 하기 싫은 일 또는 두려움을 극복하는 데 큰 자극제가 되었다. 그래서 나를 두려움으로부터 지켜주는 도구로 찬물 샤워는 충분한 가치가 있다고 본다.

누군가는 이런 방법이 부질없는 행위라고 생각할 수도 있다. 하지만 나같이 두려움을 극복하는 데 어려움을 겪고 있는 사람이라면 무엇이라도 시도하고 찾아야만 하지 않을까.

결과적으로 이 방법은 나에게 잘 먹혔던 것 같다. 찬물 샤워 후에 나는 다시 책상으로 돌아가 바로 버튼을 누를 수 있었다. 첫 번째 통화가 어렵게 느껴지는 이유는, 첫 번째 통화이기 때문이다. 첫 번째 통화를 끝내면 나는 연달아 두 번째, 세 번째 통화를 시도했다. 정해진 시간 안에 쉬지 않고 연속적으로 통화를 한 것이다. 그러자 시간이라는 먹이를 내 안의 두려움에 줄 틈이 없었다.

그러면 두려움은 어느 순간 사라졌다. 그리고 통화하면 할수록 자신감이 붙고, 결괏값도 달라졌다. 작은 성공이 모여 큰 성공을 이룬다는 것이 무엇인지 깨닫는 순간이었다.

두려움을 극복하는 방법은 이외에도 다양하다. 특히 당장 무엇을 해야 할지 모르는 사람에게는 올바른 가이드가 필요하다. 지금 이 책을 보고 있다면, TM영업에 대한 당신의 두려움을 해결해줄 수 있는 가이드는 바로 '나'다. 법정 문제에 관한 두려움은 변호사라는 가이드를 통해 해결된다. 강아지가 아프면 수의사 가이드를 찾아가야 하고, 범죄에 관한 문제는 형사라는 가이드를 찾아가야 한다. 전문성을 가진 가이드는 우리가 두려움에서 신속하게 빠져나올 수 있도록 도와준다. 이 말인즉슨 두려움에 시간이라는 먹이를 허락하지 않게끔 조력자의 적극적인 도움이 필요하다는 의미다.

두려움에 지배당하고 싶지 않다면, 당장 두려움에 시달리고 있는 시간을 멈출 줄 알아야 한다. 두려움을 이겨내는 습관은 당신을 경쟁자로부터 지켜 줄 미래의 방패라는 사실을 꼭 기억하길 바란다. 이제부터 당신도 나처럼 두려움으로부터 자유롭길 바란다.

내가 콜드콜을 하면서 가장 많이 했던 5가지 실수

TM영업으로 억대 연봉 버는 비법

나는 지난 12년간 전 세계 성공자들이 가지고 있는 기질, 생각, 배경을 연구하는 데 돈과 시간을 아낌없이 투자해왔다. 그 과정에서 알게 된 사실 중 하나는 '성공한 사람들은 자신의 과거 실패와 실수에 대해 투명하게 드러내는 것을 불편해하지 않는다'였다. 그들의 투명한 나눔 덕분에 나는 그들의 인생 스토리를 모두 연결하면서 통찰력을 기를 수 있었다. 그리고 이렇게 얻어낸 통찰력은 나에게 정말 큰 힘이 되었다.

우리는 과거를 뒤돌아보면서 후회하거나, 되돌리고 싶은 것 하나쯤은 가지고 있다. 나 또한 콜드콜과 영업이라는 분야에서 10년 이상 집착해오면서 놓친 부분들이 있었다. 그리고 이런 나의 경험은 누군가 내게 조언을 구할 때 내가 답하는 방식을 완전히 바꿔놓았다. 빠른 변화와 결과를 원하는 수강생들은 늘 자기가 무엇을 해야 하는지 묻는다. 그러면 나는 '무엇을 해야 할지'에 대한 이야기보다 '무엇을 하지 말아야 할지'에 대한 이야기를 더 많이 해준다. 우리에게 주어진 시간은 한정되어 있는데 해야 할 일을 계속 늘리기만 하면, 시작도 하기 전에 탈진 상태에 빠질 수 있기 때문이다. 즉, 플러스와 마이너스의 균형을 맞추는 것이 중요하다.

이 장에는 지금까지 내가 콜드콜을 하면서 했던 5가지 실수를 정리해봤다.

첫 번째, 나는 10배의 법칙을 적용하지 않았다.

사람들은 대부분 콜드콜을 두려워한다. 콜드콜을 망설이는 이유는, 고객의 거절에 대한 두려움 때문이다. 하지만 나의 지난 경험에 비춰 보면, 콜드콜에서 가장 먼저 극복해야 할 것은 고객의 거절이 아닌 고객과의 통화량이다. 내가 이 원칙 하나를 제대로 지켜내지 못해 그동안 놓친 고객과 그로 인해 입게 된 금전적인 손해는 이루 말할 수 없다.

당신이 처음 통화하면서 고객을 즉시 매출로 연결하기란 쉽지 않다. 그래서 프로들은 남다른 방법을 선택한다. 그들은 남들보다 10배 또는 100배 수준으로 활동량을 늘린다. 이런 남다른 양은 그들을 전문가로 만들어준다. 이런 사실을 알기 전까지는 나도 주변의 평범한 생각을 하는 사람, 평범한 수준으로 행동하는 사람, 평범한 결과를 기대하는 사람과 주로 어울려 다녔다. 그렇게 시간이 허비되는 것을 나는 허락했다.

평범한 영업 사원의 공통점은 '합리적'으로 일하려고 한다. 그들의 '합리적'이라는 것이 실제로 합리적인지는 잘 모르겠지만 말이다. 예를 들어 그들은 고객의 거절을 극복하기 위한 완벽한 스크립트를 준비하는 데 모든 시간을 낭비한다. 그러고는 완벽하다 생각되는 스크립트를 가지고 한두 군데 콜드콜을 한 후 커피 타임을 갖는다. 그들은 행동하는 것보다 미리 걱정하고 고민하는 데 더 많은 시간과 에너지를 낭비한다. 결국 그들은 평범한 수준에 머무르게 된다. 그리고 평범한 수준의 머리에서 나온 뻔하고 지루한 멘트는 고객의 마음을 사로잡을 수 없다.

반면에 프로는 고객의 거절 자체를 신경 쓰지 않는다. 그들은 고객의 거절을 '인사' 정도로 생각한다. 누군가 내게 '인사'를 한다는 것은 좋은 것 아닌가? 그래서 그들은 더 많은 '인사'를 나누기 위해 평범을 넘어 비합리적으로 활동 범위를 넓힌다. 보통 영업 사원이 열 통의 통화를 할 때 프로는 백 통의 통화를 시도한다. 남들이 열 번의 거절도 두려워할 때, 프로는 거절 또한 백 번 받는 것을 목표로 한다. 프로의 왕성한 활동 범위에서 가장 핵심적인 요소는 바로 양이다. 그들은 평범한 영업 사원이 1년에 만나는 잠재고객을 한 달, 또는 일주일 만에 만나 버린다. 이것이 바로 프로와 평범한 사람들의 차이다.

누 번째, 나는 가능성에 올인하지 않았다.

콜드콜은 비대면 영업 방식이다. 대면으로 봐도 첫 만남에서 신뢰를 얻기가 쉽지 않은데, 목소리에만 의존해 신뢰를 얻는 게 쉽겠는가? 모든 계획과 상황은 절대 내 생각대로 돌아가지 않는다. 당신이 초보라면 더욱 그렇게 느껴질 것이다.

그래서 초보일수록 단기간에 많은 사람과 소통하는 훈련부터 해야 한다. 콜드콜이 매력적인 이유가 바로 여기에 있다. 당신이 면 대 면으로 하루에 만날 수 있는 고객 수에는 한계가 있다. 하지만 콜드콜은 당신이 원하기만 하면, 하루에 수백 명의 고객도 만날 수 있다.

아무것도 모르고 콜드콜을 시작했던 시절, 나는 한동안 방향을 잃었었다. 결과가 안 나오니 불안하고 두려워 동기부여 영상만 온종일 볼 때도 있었다. 하지만 동기부여는 일시적인 마약 주사나 다름없다. 오히려 역효과가 일어나기도 한다. 아무런 성과도 없이 '나는 잘될 거야!'라는 근거 없는 자신감에 도취되기 때문이다.

주변 동료들도 나에게 전혀 도움이 되지 않았다. 동병상련의 마음으로 함께하는 술자리는 나의 시간과 건강을 축낼 뿐이었다. 그뿐만 아니라 내가 조금 튀거나, 잘할 것 같으면 나를 끌어내리기까지 했다. 작은 일에도 그들은 시기와 질투를 밥 먹듯이 했다. 작은 생각에 사로잡혀 있는 사람들과 어울리다 보니 어느 순간 나도 점점 희망을 잃어가고 있었다.

그때 내게 필요한 것은 '위로'가 아닌 '나의 가능성에 대한 믿음'이었다. 나의 현실만 보니 답이 없어 보였고, 희망도 없어 보였다. 그 늪에서 빠져나오기까지 꽤 오랜 시간이 걸렸다.

세 번째, 나는 생각을 작게 했다.

다양한 영업 경험을 쌓기 위해 내가 선택한 또 다른 분야는 오피스텔 분양이었다. 나는 이번에도 내가 생각하는 범위 내에서 최선을 다하려고 노력했다. 그리고 출근한 지 한 달 만에 콜드콜로 계약 두 건을 곧바로 성사시켰다. 신입의 성과를 보고 팀장은 만족하는 듯 보였다. 나는 꾸준한 성과를 내며 입지를 굳혔고, 이 일도 별것 아니라는 우쭐한 마음이 들었다.

이런 마음은 나를 느슨하게 만들었다. 모멘텀이 끊긴 나는 실적에 대한 올바른 목표를 세우거나 행동하지 않았다. 그리고 결과는 불 보듯 뻔했다. 실적이 날로 저조해지자 나는 자기 합리화를 시작했다. '너는 겨우 20대야', '이 정도면 충분히 잘했어', '돈이 전부가 아니잖아', '아직 시간은 많으니 좀 쉬면서 해도 돼'라면서 말이다. 이런 자기 합리화는 내가 다시 일어설 힘을 빼앗아 갔다.

지금 돌이켜 보면, 이때 나는 아주 작은 생각에 갇혀 있었다. '만족'과 '합리화'의 경계를 넘나들며 말이다. 이런 생각과 싸울 수 있는 유일한 힘은 큰 꿈을 향해 설정한 목표에 집중하는 것이다.

네 번째, 나는 2가지를 다 하려고 하지 않았다.

세종에 있을 때였다. 나는 '콜드콜 영업 코칭'이라는 나의 꿈을 이루기 위해 꽉 찬 일정을 소화하면서 너무 지쳐 있었다. 그러던 어느 날 문득 이런 생각이 들었다. '이제 가르치는 것만 하고 내가 직접 콜드콜 하는 것은 그만해도 되지 않을까?' 이 생각은 내게 참으로 달콤한 유혹이었고 나는 콜드콜을 멈췄다.

시간적 여유가 생긴 나는 코칭의 질을 높이는 데 집중했고, 실제로 가르치는 능력이 향상됨을 느꼈다. 하지만 이런 생활이 익숙해질 무렵 다시 콜드콜을 해야 할 상황이 생겼다. 그때 나는 큰 충격에 빠졌다. 선수로 뛰지 않고 감독으로만 있다 보니 콜드콜의 감이 약해진 것이다. 나와 통화한 상대방은 못 느꼈겠지만, 나는 알고 있었다. 예전의 나와 다르다는 것을. 콜드콜이 나의 정체성이고, 코칭의 핵심은 그 정체성인데 안일한 생각이 나를 위험에 빠트리고 있었다. 정신을 차린 나는 다시 콜드콜을 시작했다.

이처럼 우리는 달콤한 유혹에 빠지기 쉽다. 하지만 자신의 성장을 위해서는 끊임없이 도전하고 노력해야 한다. 이 사실을 잊으면 안 된다.

다섯 번째, 나는 목숨 걸고 하지 않았다.

당신은 무언가에 목숨을 걸어 본 적이 있는가? 나는 또래가 누리는 삶을 포기하고 나의 꿈을 향해 부지런히 달렸다. 하지만 목숨을 걸지는 않았었다.

어느 날 나는 책 쓰기 코치 한 분을 만나게 되었다. 사실 나는 과거에 책을 쓰려고 여러 번의 시도를 했다. 그러나 많은 돈과 시간이 낭비되었을 뿐 어떠한 결과도 얻지 못했다. 그런데 이분은 내가 경험했던 어떤 책 쓰기 코치와도 비교할 수 없을 정도로 차별성을 지니고 있었다. 그는 지금까지 1,100명이 넘는 평범한 사람들을 직접 작가로 만들었다. 게다가 이미 250여 권의 책을 출간한 베스트셀러 작가다. 그는 한책협(한국책쓰기협회)의 대표 김태광 코치님이다.

나는 꽤 오랜 시간 그의 유튜브를 봤고, '이 사람이라면 어쩌면, 외국인인 나도 한국에서 책을 출간할 수 있겠다'라는 희망을 갖게 되었다. 그리고 보다시피 나는 이렇게 책을 쓰게 되었다. 그런데 내가 이분을 통해 진짜 얻게 된 것은 단순히 책 한 권이 아니었다. 성공자의 자세였다.

모든 사람은 성공을 원하지만, 성공에 필요한 대가는 지불하려 하지 않는다. 그러나 김태광 대표님은 달랐다. 그가 내게 처음 했던 말은 내게 큰 울림과 가르침이 되었다.

"목숨 걸고 코칭합니다."

나는 한국에 이런 사람이 존재한다는 사실에 설레기도 하고, 한편으로는 자극도 되었다. '그동안 내가 기울인 노력은 무엇이고, 나는 과연 이 사람처럼 목숨 걸고 비합리적인 결과를 냈던 적이 있는가?' 이런저런 의문이 끊이지 않았다.

　우리는 모두 살면서 많은 실수를 한다. 하지만 반복된 실수에 대한 죄책감조차 없다면, 우리는 발전할 수 없다. 성공한 사람들은 보통 위기를 기회로 전환해 보상을 얻어내는 탁월한 기술을 가지고 있다. 하지만 보통 사람은 주어진 기회조차 자주 놓치는 경향이 있다. 이 말은 성공할 수 있는 시기를 자꾸 지연시킨다는 것이다. 곧 이뤄질 성공이 더 지연되기 전에 실수를 대하는 우리의 태도를 다시 한번 생각해봐야겠다.

60대 그녀가
콜드콜을 택한 이유

처음 내가 한국에 왔을 때, 나는 깜짝 놀랐다. 한국에는 예순 살이 넘도록 쉬지 않고 일하는 사람이 아주 많았기 때문이다. 그 이유가 궁금해서 인터넷에 검색해 보니 2019년 기준, 한국의 공공 사회복지 지출 규모가 OECD 회원 국가 중 최하위권이었다.

누군가는 이런 현실이 안타깝다고 생각할 수 있다. 하지만 나는 오히려 '한국이 다른 국가보다 더 많은 기회가 있을지도 모른다'라고 생각했다. 일찍 퇴직하는 나라는 시도하고 도전하는 분위기가 아닌 현실에 안주하는 느낌이다. 하지만 현직에서 오래 머문다는 것은 그 안에 여러 변동성과 도전이 있다는 것이다. 내가 하고 싶은 일은 사람들의 도전과 변화를 돕는 일이기에 나는 이런 환경이 기회로 보였다.

보통 나이가 들수록 무언가 새롭게 시작하기에 너무 늦었다고 생각할 수 있다. 특히 영업직에 뛰어든다는 것은 웬만한 용기와 결단력을 가지고는 쉽지 않다. 그동안 나는 콜드콜에 관한 교육을 진행하면서, 참 다양한 나이대의 다양한 사람들을 만났다.

그중 가장 기억에 남는 사람 중 1명을 꼽아 보라고 하면 40년 간 미용실을 운영했던 60대 여자분이다. 그녀는 은퇴할 나이를 앞두고 화장품 방문 판매라는 새로운 분야에 뛰어들었다. 그 나이에 수많은 직업 중 왜 영업직을 선택했을까? 그리고 수많은 영업 방식 중 왜 하필 TM영업을 선택했을까? 이런 의문을 풀기 위해 직접 그녀의 이야기를 들여다보자.

어느 날 나는 연배가 지긋한 여성분의 전화 한 통을 받았다. 그녀는 콜드콜 영업에 대한 상담을 받고 싶다고 했다. 보통 나이가 예순 살 이상 넘어가는 수강생을 나는 잘 안 받으려고 한다. 그들이 쉽게 바뀌지 않는다는 사실을 잘 알고 있기 때문이다. 하지만 그녀의 목소리에서 나는 간절함을 느꼈다. 나는 마음을 바꿔 먹고 그녀에게 수강 절차를 안내했다. 그렇게 그녀와 나의 인연은 시작되었다.

수업 첫날, 나는 그녀에게 자기소개를 부탁했다. 그녀는 자신보다 한참 어린 수강생들 앞에서 어렵게 입을 열었다. 그녀는 말도 자주 더듬거렸고, 사람들 앞에 자신을 표현하는 것이 불편해 보였다.

콜드콜 스크립트를 가지고 롤플레이 하는 시간에도 그녀는 확실히 다른 수강생들보다 적응 속도가 느렸다. 몇 번 수업을 듣고도 잘 따라오지 못하는 것 같아 환불을 해줄까 하는 생각이 들 정도였다. 그런데 걱정했던 내 마음과는 다르게 얼마 지나지 않아 그녀는 수업에 적응하기 시작했다.

매 순간 최선을 다하려는 그녀는 빠르게 달라지기 시작했다. 보통 사람들은 교육을 말 그대로 교육으로 생각하는 경향이 있다. 이와는 다르게 그녀는 곧바로 현장으로 나가 교육에서 배운 대로 시도했다. 교육의 시작은 클래스가 아닌 현장이라는 것을 그녀는 알고 있는 듯했다. 그녀는 자신이 교육안에서 잘 따라가지 못했던 부분을 오히려 현장에서 채우려고 노력했다. 예를 들어 롤플레이에서 부족했던 부분을 남들보다 약 10배 정도 많은 전화량으로 보강했다.

얼마 뒤 그녀는 결과를 내기 시작했다. 숫자는 거짓말을 하지 않는다고, 불과 3개월도 안 되어 그녀는 6,000만 원 넘는 매출을 올렸다. 60대의 그녀가 이런 결과를 낼 거라고는 아무도 예상하지 못했다. 나 또한 그녀가 단기간에 이룬 결과에 감탄하지 않을 수 없었다.

때로는 모든 것을 그만두고 삶으로부터 도망가고 싶을 때가 있다. 그러나 그럴 수 없는 것은 우리가 책임져야 할 것들이 있기 때문이다. 그렇게 자의 반 타의 반으로 우리는 극복해야 할 문제들과 씨름을 하며 앞으로 나아간다. 콜드콜을 통해 받는 거절의 양은 엄청나다. 차갑게 전화를 끊어버리는 수많은 고객을 만나면, 힘이 쭉 빠지기도 한다. 하지만 그녀는 콜드콜을 다르게 바라봤다.

　어느 날 나는 그녀에게 물었다. 은퇴해서 쉴 나이에 왜 계속 도전하고 있는지, 왜 TM영업 방식을 선택했는지 말이다. 그녀는 콜드콜을 스릴 넘치는 게임이라고 했다. 그녀에게 콜드콜은 정면승부 싸움이었다. 그녀는 인스타에 홍보용 사진 몇 장을 올려놓고, 언제 찾아올지도 모를 고객을 한없이 기다리는 것은 어리석다고 생각했다. 그녀는 자신의 목소리로 세상에 자신을 드러내고, 직접 고객을 선택할 수 있는 유일한 방법이 콜드콜이라고 생각했다.
　그리고 현장에서 짧은 시간 안에 직접 셀프 피드백을 할 수 있어서 발전 속도가 빠르다고 말했다. 누구에게나 있는 '용기'를 꺼내 쓸 자신만 있으면, 이보다 더 훌륭한 시스템은 없다고 고백했다. 이 부분에 대해서는 나도 전적으로 동의한다. 콜드콜의 숨은 가치는 말로 다 설명이 안 될 정도로 많기 때문이다.

　코치와 수강생으로 만났지만, 나는 오히려 그녀를 통해 많은 것을 깨달았다. 콜드콜의 위력을 다시 한번 느끼는 순간이기도 했다. 무엇보다 60대인 그녀가 해냈다는 것은 내가 가졌던 하나의 고정관념을 완전히 부숴버리는 기회가 되었다. 나는 그녀의 사례를 통해 콜드콜이야말로 세상에서 가장 공정한 직업이라는 확신이 생겼다.

20대 초반에 열정 하나로 영업을 시작한 나는 구두가 닳도록 뛰어다녔다. 알려주는 대로 다 해도 뚜렷한 실적이 나오지 않아 이곳저곳 헤매고 다녔던 시간도 꽤 길다. 도중에 포기하고 싶은 생각이 수도 없이 들었다. 나를 지켜보는 가족도 많이 지쳐 있었다.

주변 친구들의 평범한 삶을 보면서, '나도 이제 그만하고 그들처럼 직장을 구해 볼까?'라는 생각을 안 해본 것은 아니다. 하지만 나는 되돌아갈 수 없었다. 고졸의 외국인인 나를 채용할 곳은 많지 않다는 사실을 잘 알고 있었기 때문이다. 나는 나에게 주어진 삶을 공장의 부품처럼 낭비하고 싶지 않았다. 그런 내가 할 수 있었던 유일한 일은 앞만 보고 달리는 것이었다. 나는 언젠가는 분명 방법을 찾아낼 거라는 믿음으로 버티는 수밖에 없었다. 그 시간이 얼마나 걸리더라도 나는 절대 포기할 수 없었다.

나는 그때 내가 포기하지 않길 정말 잘했다고 생각한다. 내가 포기했다면 콜드콜로 인생 제2막을 즐겁게 펼치는 그녀 또한 존재할 수 없었을 것이기 때문이다. 나를 찾아오는 사람들 대부분은 세일즈에 대한 어떤 지식이나 기술도 없다. 하지만 그들은 나의 콜드콜 수업에 참석해 삶의 많은 부분이 변한다. 내 수업이 단지 콜드콜에 국한되지 않기 때문이다. 콜드콜은 사람과 사람이 연결되는 일이다. 그래서 가장 중요한 것은 사람과 세상에 대한 이해다. 이런 이해 없이 스크립트를 읊어대는 것은 누구에게도 매력이 없다. 매력 없는 사람과 계약하고 싶은 고객은 더더욱 없다.

내가 콜드콜을 사랑하는 또 다른 이유는 새로운 만남이 이뤄지기 때문이다. 모든 기회와 운은 사람을 통해 오지 않던가? 살면서 당신이 만났던 사람의 수보다 단 몇 주 만에 콜드콜을 통해 만날 수 있는 사람의 수가 훨씬 많다. 콜드콜은 살아가면서 꼭 필요한 귀인을 만나기 위해 매일 씨를 뿌리고 있는 작업이 아닌가 싶다.

내가 지금 이 자리에 있기까지 나와 연결된 모든 수강생은 나와 콜드콜로 만났다. 그들과 나는 서로에게 영향을 줬고, 우리는 함께 성장했다. 지금은 나의 아내가 된 사랑스러운 그녀 또한 나와 콜드콜로 연결되었다. 콜드콜을 배우기 위해 수강생으로 온 그녀가 나의 평생 배필이 된 것이다. 이렇듯 잘 배운 콜드콜 기술은 수많은 사람으로 나를 연결한다. 그리고 그 사람은 나를 또 다른 기회로 연결한다.

'인생 자체가 세일즈다.'

영업하는 사람이라면 모두 한 번쯤 들어본 말일 것이다. 이 말에 의하면, 세일즈 하는 사람들은 인생을 참으로 잘 살아야 한다. 하지만 세일즈를 한다고 해서 모두 의미 있는 관계 속에서 의미 있는 일을 하며 살고 있지는 않다. 왜 그럴까? 지인을 상대로 하는 주먹구구식의 영업을 하기 때문이 아닐까? 어설프게 하는 영업은 오히려, 영업 업계에 대한 선입견을 만든다.

그러나 콜드콜은 이런 잘못된 영업 문화를 올바른 방향으로 이끌어준다. 나의 상품이 필요한 고객을 얼마든지 개척할 수 있기 때문이다. 애원하고 구걸하지 않는 21세기에 딱 맞는 실용적인 영업 방식이 콜드콜이지 않을까?

《10배의 법칙》 저자인 그랜트 카돈에 의하면, 돈은 돈으로 버는 게 아니라 용기로 버는 것이라고 한다. 이제 당신도 당신 앞에 놓인 전화기를 들고 용기를 내보길 바란다.

TM영업으로
억대 연봉
버는 비법

당신이 영업을
주먹구구식으로 하는 이유

어느 날 오후 한 중년 여성이 나의 유튜브를 보고 상담 요청을
했다. 나는 보통 15분쯤 교육 관련 브리핑을 한 후 바로 교육비
를 안내한다. 그녀는 나의 교육은 정말 듣고 싶은데, 비용이 조금
부담스럽다고 말했다. 그래서 나는 그녀에게 역으로 질문했다.

"고객이 비싸다고 말할 때, 고객에게 뭐라고 말하세요?"

그녀는 답했다.

"글쎄요. 저는 보통 '그렇게 생각하시는군요. 이 제품이 저렴
하지는 않아요. 하지만 좀 더 알아보시면 비싼 것도 아니에요'
라고 말해요."

나는 다시 물었다.

"그래서 현재 당신의 영업 실적은 만족할 수준인가요?"

답은 뻔했다. 그녀가 만족할 수준의 실적을 올리고 있다면, 영업 초창기의 나처럼 헤매고 다니지도 않을 것이고, 나에게 문의하지도 않았을 것이다.

대한민국에서 영업을 제대로 알고 하는 사람은 과연 얼마나 될까? 시간이 지난다고 영업 실력이 자동으로 좋아지는 것은 아니다. 그러나 많은 영업인이 변화를 간절히 원하기만 할 뿐 정작 아무런 변화도 일으키지 못한 채 살아간다.

새해가 시작되면 사람들은 많은 것을 다짐한다. 1월에 운동센터 등록률이 가장 높은 것이 우연만은 아니다. 하지만 의욕도 잠시, 그들은 이내 모든 게 귀찮아진다. 그리고 원래 자리로 되돌아간다. 다시 내년 1월을 기약하며 말이다. 그렇게 그들은 제자리걸음을 수년간 반복한다. 그리고 대부분 영업 사원의 현실도 이와 크게 다르지 않다.

영업을 통해 점점 많은 사람이 성공하고 있다. 그런 후 다양한 방식으로 성공에 대해 해석하고 가르치고 있다. 대체 나는 누구의 말을 따라야 하는 것일까? 영업의 시작과 끝은 대체 어디부터 어디까지일까?

좋은 소식이 있다. 영업의 세계는 생각처럼 복잡하지도 않고, 다양하지도 않다. 영업인은 두 부류로 나뉜다. 첫 번째, 영업의 실적을 운의 영역에 의존한 나머지 종교 같은 믿음으로 일하는 사람이다. 두 번째, 영업의 모든 과정을 측정 가능한 방식으로 아주 체계적인 시스템을 가지고 일하는 사람이다.

나는 네트워크 마케팅을 경험했다. 유통망을 짜기 위해 소비자 또는 사업자 파트너를 찾는다는 명분으로 전국을 누볐다. 그때 나는 파주에서 옷 가게를 운영하는 사장님을 소개받았고, 친분을 쌓기 위해 매주 그분을 찾아갔다. 당시 내가 살고 있던 곳은 안산이었기 때문에 대중교통으로 왕복 6시간이 걸렸다. 가게에 도착해서 내가 했던 일이라고는 겨우 눈도장을 찍는 정도였다.

노력 대비 큰 실적이 없던 나는 불안한 마음을 달래기 위해 본사 세미나장으로 가곤 했다. 세미나에 참석한 수많은 사람을 보면 다시 힘이 생겼다. 그리고 성공자들의 이야기를 들으면 다시 동기부여도 되었다. 긍정적으로 생각하고 긍정적인 말만 하면, 나도 분명 그들처럼 성공할 거라는 믿음이 차올랐다. 하지만 이런 종교식 믿음은 나를 첫 번째 부류의 영업인으로 머물게 했다. 물론 의식 수준을 끌어올리는 것은 중요하다. 하지만 의식만 높인다고 영업이 잘되는 것은 절대 아니다.

네트워크 마케팅에서 권하는 이런 방식의 영업은 너무나 비효율적이었기에 오래 지속될 수 없었다. 돌이켜 생각해보면, 내가 영업에 소질이 없던 것이 아니라 잘못된 방법으로 일하고 있었다.

모든 결과에는 원인이 있다. 영업 실적이 안 좋은 데도 원인은 있다. 그러나 반드시 게으르고, 열정이 없으며, 산만하다고 해서 좋은 결과를 내지 못하는 것은 아니다. 영업이 어렵게 느껴지는 이유는 따로 있다.

대부분 사람은 영업을 주먹구구식으로 한다. 그들은 더 배우려는 노력도, 투자도 하지 않는다. 그러나 영업에 대해 한 번만 제대로 배우면, 이런 주먹구구식으로 하는 영업은 영원히 끝낼 수 있다.

내가 영업을 하면서 깨닫게 된 원칙 중 하나는 '영업 기술을 익히기 위해 돈을 아끼지 말라'는 것이었다. 나는 영업에 대해 배우려고 국내 도서와 교육뿐 아니라 해외 도서와 교육에 아주 많은 시간과 돈을 투자했다. 참고로 나는 미국과 중국의 해외 교육 프로그램에 상당한 돈과 시간을 투자했다. 3개 국어를 할 수 있다는 게 얼마나 큰 축복인지 새삼 깨닫는 시간이었다. 내가 국내에만 국한되었다면, 나 또한 뻔한 방식의 영업밖에 할 수 없었을 것이기 때문이다.

대부분 사람은 영업을 통해 돈을 벌려고만 한다. 하지만 나는 그들과는 다르게 어렵게 번 돈 대부분을 교육에 재투자했다. 누군가는 익숙한 방식으로만 영업해도 충분하다고 생각할 것이다. 그러나 이것은 마치 갈지 않은 도끼로 나무를 자르려고 하는 것과 같다.

결국 그 많은 돈과 시간을 교육에 투자해 내가 얻은 것이 무엇인지 궁금한가? 고백하자면, 나는 이루 말할 수 없을 정도로 많은 것을 얻었다. 물론 '이까짓 것을 돈 받고 교육해? 내가 해도 이것보다는 더 잘할 수 있겠다'라는 생각이 든 교육도 있었다. 하지만 '역시 돈 받고 가르치는 데는 다 이유가 있구나'라고 느낄 때가 대부분이었다.

이런 과정을 통해 내가 얻은 가장 큰 혜택은 '진짜'와 '가짜'를 구별할 수 있는 통찰력이다. 정보가 넘쳐나는 시대에 꼭 필요한 '정보 해독 능력'을 얻은 것이다. 이런 통찰력을 바탕으로 나는 '되는 것'과 '되어 보이는 것'을 구별하게 되었다. 그리고 투박하고 촌스러워도 '되는 것'들만 모아 수강생들에게 줬다. 처음에 내 교육에서 다루는 내용에 많은 수강생이 의아해하다가도 결국 나의 팬이 되는 이유도 이 때문이다. 오랜 시간에 걸쳐 형성된 나의 정체성은 나의 시간과 고객의 시간을 단축할 수 있게 해줬다. 고객은 자신의 시간을 아껴주는 사람에게 지갑을 연다는 것을 기억하자.

또한, 나는 내가 무슨 일을 하고 있는지 정확하게 알게 되었다. 영업에서 성공하기 위해 꼭 필요한 A부터 Z까지 모든 과정을 나는 다 알게 된 것이다. 사람은 모르는 것에 대해 두려움을 느낀다. 하지만 알게 되고 익숙해지면 그 두려움은 감쪽같이 사라진다. 나 또한 지식과 정보가 쌓이면서 두려움은 사라지고 자신감은 올라갔다.

그 당시 내가 밑바닥에서 벗어갈 길은 영업밖에 없었다. 그래서 영업을 잘하고 싶은 마음과 가난에서 벗어나고 싶은 마음에 많은 돈과 시간을 교육에 투자했다. 그런데 이로 인해 영업 능력이 향상되었을 뿐 아니라 나라는 사람의 정체성이 달라졌다. 나는 세일즈맨을 넘어 세일즈 리더의 길을 걷게 되었다. 그리고 이렇게 책을 통해 나의 경험담을 아낌없이 나눌 수 있는 사람이 되었다.

세상에는 성공한 사람들, 흔히 '백만장자'라고 알려진 사람들이 참 많다. 그들은 자신의 성공 스토리를 기꺼이 나누려 하고, 사람들은 그들의 스토리를 듣고 싶어 한다. 문제는 그들의 스토리가 전달되는 과정에서 정보의 오류가 생긴다는 것이다.

예를 들어 영업으로 자수성가한 한 사람이 자신이 이룬 '부'를 내세워 영업을 가르친다고 해보자. 사람들은 그가 이룬 '부'가 오로지 영업으로 이뤄낸 결과라 생각한다. 그래서 그에게서 배우면 자신 또한 그 '부'를 이룰 수 있다고 믿는다. 그렇게 많은 사람이 불나방처럼 그에게 달려간다. 하지만 조금만 통찰력이 있는 사람이라면, 그가 이룬 '부'가 어떻게 만들어지는지 모두 보인다.

자세히 들여다보면 그 '부'는 그가 영업 실적만으로 이룬 게 아니다. 물론 그 사람은 남들보다 열심히 노력했고, 교육에 돈과 시간도 투자했다. 그래서 뛰어난 영업 실적으로 중산층의 위치까지는 올라갔다. 하지만 그 이상으로 올라가기 위해 그는 자신을 브랜딩했다. 책을 내고 유튜브를 찍으며, 자신을 세상에 적극적으로 알렸다. 그렇게 그가 알려졌을 때 그는 영업을 가르치는 '교육 프로그램을 판매'하기 시작했다. 매체를 통해 그에게 호감이 생긴 사람들은 그의 교육 프로그램에 기꺼이 돈을 지불하고 그렇게 그는 계속 부를 쌓는다. 그리고 그 '부'를 내세워 또다시 자신을 브랜딩한다.

내가 너무나 안타까운 것은 그가 이룬 '부'는 '그의 능력과 노력 그리고 운의 결과'일 뿐인데, 많은 사람이 착각한다는 것이다. 그에게서 배우면 자신도 그런 '부'를 이룰 수 있다는 착각 말이다. 또는 그가 걸었던 길을 자신도 걸으면, 그와 똑같은 결과를 낼 수 있다는 착각 말이다. 정보의 해독 능력이 없는 대부분 사람이 하는 실수가 바로 이런 것이다. 이렇게 대부분 사람은 돈과 시간만 낭비하고 수년간 제자리걸음을 한다.

이런 문제를 극복하기 위해, 우리는 어떻게 해야 하는가? 축구 잘하는 선수만 쫓아다니지 말고, 뛰어난 축구 감독을 찾아내야 한다. 나는 외국인 신분으로 아무것도 없이 한국에 왔다. 경제적인 어려움으로 수년간 시달렸지만, TM영업을 접하고 곧바로 인생 역전의 기회를 얻었다. 1인 창업을 시작해서 불과 몇 개월 안 된 시점에 전화기 한 대로 하루 천만 원 이상의 순수익을 내기도 했다. 내가 오랜 시간에 걸쳐 얻은 통찰력과 해독 능력으로 많은 제자를 키웠다. 나의 유튜브 채널만 보더라도 나의 수강생들의 삶이 어떻게 변했는지 후기를 볼 수 있다.

내가 사람들에게 가르치는 것은 '근본 문제'에 접근하는 눈이다. 앵무새처럼 읊어대는 멘트 몇 마디로 바뀔 인생이라면, 대한민국 모든 영업인이 큰돈을 벌고 있어야 한다. 하지만 우리가 사는 세상은 복잡하고, 여러 가지 알고리즘이 얽혀 있다. 그 알고리즘을 해석하는 통찰력이 없으면 돈을 벌기는커녕 많은 돈과 시간을 잃게 된다.

세상은 갈수록 주먹구구식이 아닌 투명한 사람을 원한다. 그것은 영업의 영역에서도 마찬가지다. 만약 당신이 아직도 영업이 두렵다면, 그것은 뭔가를 모르거나 놓치고 있다는 의미다. 나를 올바른 정보로 채우지 않으면, 결국 평생 운에 의존한 주먹구구식의 영업을 할 수밖에 없다. 그러나 어떤 고객도 불투명한 영업 방식에 속을 만큼 어리석지 않다. 그러니 자신에게 투자하는 것을 아끼지 말자. 이 세상에서 내가 누리고 경험할 수 있는 모든 것은 나로 인해 만들어진다. 내가 가장 중요하다.

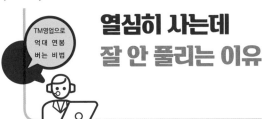

06

열심히 사는데
잘 안 풀리는 이유

TM영업으로
억대 연봉
버는 비법

한국은 부유한 나라에 속한다. 매년 백만장자 인구도 늘고 있다. 반면 가난한 사람은 점점 더 가난해지고 있다.

인플레이션 영향으로 물가는 매년 오르고, 부동산 가격은 하늘을 치솟고 있다. 공간이 허락되는 한 신도시와 함께 대규모 아파트 단지는 계속해서 들어서고 있다. 하지만 아무리 열심히 일해도 직장인의 월급으로 내 집 한 채를 마련하기가 어려운 것이 현실이다. 많은 경제 전문가는 코로나의 영향으로 빈부격차가 점차 더 벌어질 거라고 예측한다.

이런저런 이유로 결혼을 포기하는 청년들도 점점 늘어나고 있다. 이런 사회적 분위기는 한국 출산율이 최저치를 기록하도록 만들었다.

대부분 사람이 태어나 밟아가는 코스는 크게 다르지 않다. 초,

중, 고등학교를 졸업 후 대학교에 들어가고, 기업에 취직한다. 코스는 같은데 왜 이렇게 부의 격차가 심해지는 것일까?

호주 멜버른에 있을 때, 나는 교회 지인을 통해 한 세미나에 초대받았다. 참석 인원수가 약 50명 정도 되는 네트워크 마케팅 비즈니스 세미나였다. 강연하는 사람은 50대로 보이는 중국인 남자였다. 그날의 주제가 무엇인지 정확히 기억은 나지 않지만, 내게 가장 큰 충격으로 다가왔던 것이 하나 있다. 바로 '부자'와 '가난한 사람'의 결정적인 차이였다.

그전까지 나는 단 한 번도 부자와 가난한 사람의 차이에 대해 생각해보거나 알려고 하지 않았다. 부자는 나의 삶과 상관이 없다고 생각해서 그런 것 같다. 하지만 그날 강의를 들은 후 나는 부자에 대한 호기심이 많아졌다. 그래서 세계적인 억만장자들의 가르침을 집착하며 배웠다. 그리고 반드시 부자가 되겠다고 결심했다.

부자 되는 방법에 대한 정보는 수없이 많다. 하지만 내가 집착 수준으로 따른 수많은 억만장자들은 공통의 목소리를 냈다. 보통 사람이 부자가 되기 위해서는 다음 3단계를 거쳐야 한다는 것이다.

첫 번째 단계는 '월급을 받는 사람'이다. 대부분 사람은 학교를 졸업 후 바로 직장에 취업한다. 생존하기 위해 돈을 버는 것은 중요한 일이기 때문이다. 이 세상에 태어나는 순간, 모든 것이 지출이다. 그래서 월급이 주는 의미는 상당히 크다. 월급은 가족을 부양하는 능력이며, 생존력을 의미한다. 하지만 월급만 가지고는 절대 부자가 될 수 없다. 그래서 첫 단계인 '월급을 받는 사람'을 거쳐 두 번째 단계로 넘어가야 한다.

두 번째 단계는 '영업을 하는 사람'이다(이 단계에는 자영업도 포함된다). 자수성가로 부자 된 사람 중 다수가 영업 사원 출신이다. 왜 그럴까?

모든 회사가 망하지 않기 위해서는 매출이 필요하다. 매출이 없으면 직원들에게 월급을 줄 수도 없고, 사업을 유지할 수도 없다. 회사의 생명과 같은 매출을 올리는 사람들이 바로 영업 사원들이다. 그래서 그들은 노력하는 만큼 자신의 수입 또한 증대할 수 있는 특권을 부여받는다.

어떤 상품 또는 서비스를 판매해 커미션을 받는 사람과 주어진 월급을 받는 사람은 모든 면에서 차이가 날 수밖에 없다. 삶을 좀 더 능동적이고 진취적으로 사는 사람들은 커미션을 받는 사람들이기 때문이다. 이 단계까지라도 확실히 마스터하면 중산층까지 올라가는 것은 큰 문제가 되지 않는다. 하지만 역시 부자가 되기에는 부족하다. 그래서 마지막 세 번째 단계로 넘어가야 한다.

세 번째 단계는 '고소득 기술'을 가지고 있는 사람이다. 똑같은 영업을 하더라도 누구는 억대 연봉을 받고, 누구는 일반 직장인보다 더 적은 연봉을 받는다. 그리고 그 차이는 고소득 기술을 터득해내는 데 있다. 전문용어로 표현하면 HTS(High Ticket Sales), 높은 티켓을 판매하는 능력을 의미한다. 똑같은 시간에 누군가는 3만 원짜리 저가 상품을 판매하고, 누군가는 300만 원짜리 고가 상품을 판매한다. 누가 더 많은 돈을 벌게 될까? 당연히 고가 상품을 판매하는 사람이다. 판매 상품의 가격에 따라 커미션도 커지기 때문이다.

나는 이 책을 읽고 있는 모든 사람이 고소득 기술을 익힐 수 있다고 믿는다. 고소득 기술은 내가 태어난 배경, 타고난 머리, 학벌과 상관없이 누구나 익힐 수 있기 때문이다. 심지어 그리 오랜 시간이 걸릴 필요도 없다. 게다가 한번 내 것으로 만든 고소득 기술은 평생 나를 책임지는 효자가 된다. 이렇게 세 번째 단계까지 온 사람은 최종 단계인 부자로 이어질 수 있다. 세계적으로 자수성가한 부자 중 적지 않은 사람이 바로 이런 방식으로 성공했다.

그렇다면 고소득 기술을 높이기 위해 무엇이 필요할까? 영업을 해보면 내가 예상하거나 계획한 것과 다른 여러 변수가 발생한다. 예를 들어 고객이 반품 요청을 한다거나, 진상 고객이 어이없는 요구를 한다거나, 아니면 회사가 갑자기 사라지는 등 여러 상황이 발생한다. 초보일수록 이런 변수를 감당해내기는 쉽지 않다.

물론 이런 변수가 늘 존재하는 것은 아니다. 하지만 영업을 지속했던 사람들일수록 이런 변수를 많이 겪어낸 사람들이다. 얼핏 보기에는 고소득 기술과 변수가 큰 상관이 없어 보인다. 하지만 그 둘은 밀접한 관련이 있다.

사람은 누구나 내가 익숙하고 편한 것을 좋아한다. 즉, 스트레스가 없는 삶을 원한다. 하지만 스트레스가 없다는 것은 어떤 정보나 성장도 없다는 의미다. 이런 스트레스 프리의 삶은 인간의 심리를 파고들 이유가 없는 삶이다. 보이고 들리는 대로 믿으며 살아도 충분하기 때문이다.

하지만 인간의 심리를 파고드는 노력 없이는 고소득 기술을 절대 얻을 수 없다. 그래서 삶에 여러 변수가 많이 생길수록 고소득 기술을 배울 환경이 조성된다. 이런 변수, 즉 '스트레스를 정보로 받아들이는 통찰력과 심리'는 고소득 기술을 배우는 핵심이라고 할 수 있다.

고소득 기술을 높이는 데 필요한 또 한 가지는 바로 '클로징 기술'이다. 내가 나의 교육 프로그램을 PCM(People Closing Master)으로 정한 이유이기도 하다. 고소득 기술을 높이는 데 있어 클로징 능력은 절대 빠질 수 없다. 내가 많은 수강생을 가르치며 놀란 한 가지는 영업을 오래 했던 사람도 판매와 클로징을 잘 분별하지 못한다는 것이다.

한 가지 예를 들어보자. 이느 날 엄마가 아이와 함께 쇼핑하러

갔다. 그때 아이의 마음을 사로잡은 코너가 있다. 바로 장난감이 쌓여 있는 곳이다. 아이는 엄마에게 장난감을 사달라고 조른다. 엄마는 이미 사둔 장난감이 많다며 거절한다. 하지만 아이는 좀처럼 그곳을 떠나지 않는다. 아이는 바닥에서 구르며 장난감 없이는 절대 집으로 돌아가지 않겠다고 말한다. 결국 엄마는 마지못해 장난감을 계산한다.

클로징은 바로 이런 간단한 원리에 불과하다. 내가 원하는 결과를 만들어내는 힘, 그것이 바로 클로징이다. 물론 우리가 고객을 클로징 할 때 조르듯이 해서는 안 된다. 하지만 고객이 어떤 거절로 상황을 빠져나가려 해도 그들을 다시 협상 테이블에 앉히고 원하는 결론을 얻는 것이 클로징이다. 이렇게 판매 완료라는 결론을 내려놓고, 고객에게 추가로 부연 설명을 하는 과정이 판매라고 볼 수 있다.

한국 사회는 열심히 바쁘게 사는 사람을 특히 좋아하는 것 같다. 물론 열심히 사는 것도 중요하다. 하지만 열심히 산다고 반드시 잘 사는 것은 아니다. 내 주변에는 나보다 더 열심히 사는 사람들이 많다. 하지만 열심히 살수록 그들은 더 불안해진다. 가진 것이 하나둘 많아질수록 그것을 잃을까 봐 두렵기 때문인 것 같다. 가끔 그들은 잃을 것에 대비해 좀 더 박차를 가하기도 한다. 그렇게 '열심히'라는 단어에 갇혀 쳇바퀴 구르는 삶을 산다. 그리고 그 끝은 없어 보인다.

그들이 열심히는 살지만 잘 살지 못하는 이유는 중요한 한 가지를 놓치고 살기 때문이다. 바로 삶의 방향성, 끝점이다. 많은 사람이 자신의 삶이 어디로 흘러갈지도 모른 채 작은 것에 집중하며 산다. 당장 이익에만 집착한 나머지 큰 그림은 놓치고 사는 것이다. 이런 작은 생각은 그들을 온갖 유혹으로 이끈다. 그래서 어렵게 번 돈과 시간을 엉뚱한 곳에 낭비하기도 한다. 그러면 잃은 것을 채우기 위해 또다시 쳇바퀴를 구른다. 열심히 살면 살수록 더 깊은 늪으로 빠져드는 것이다.

내가 억만장자들을 수년간 따르면서 알게 된 사실이 한 가지 있다. 부자와 가난한 사람의 차이는 단순히 '돈'의 차이가 아니라는 것이다. 이미 충분한 돈을 벌었음에도 일선에서 물러나지 않는 억만장자들이 아주 많다. 그들은 '끝점'을 생각하며 살기 때문이다.

모두 부자가 될 필요는 없다. 그렇다고 평생 가난하게 살 이유도 없다. 하지만 모두에게 주어진 한 번뿐인 인생이기에 잘살 필요는 있다. 그리고 잘살기 위해서는 올바른 방향성을 정해야 한다. 그 방향에 맞는 단계를 차근차근 밟아 올라갈 때, 엉킨 실타래 같던 삶이 풀리는 경험을 할 것이다. 이 책을 읽는 독자 모두가 자신만의 방향을 정하고, 부자로 가는 3단계를 밟아 올라가길 응원한다.

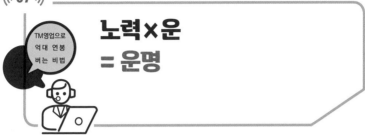

07

TM영업으로 억대 연봉 버는 비법

노력×운 = 운명

이 세상 가장 지혜로운 사람은 어떤 사람일까? 나는 운에 대해 깊이 이해하고 통찰하는 사람이라 말하고 싶다. 《행운에 속지 마라》 저자인 나심 니콜라스 탈레브(Nassim Nicholas Taleb)는 운에 속아 넘어가는 사람에 관해 아낌없는 조언을 남겨줬다.

누구나 한 번쯤은 인생의 전성기를 가졌을 것이다. 과거 추억을 한번 떠올려보자. 학교 때 공부를 너무 잘해서 같은 반 친구들의 부러움을 샀다거나, 축구를 너무 잘해서 여자들에게 인기 폭발이었다거나, 어릴 적부터 주식에 투자해 큰돈을 모아뒀다거나 하는 자신만의 자랑거리가 하나쯤은 있을 것이다.

내 삶의 전성기는 춤과 함께 시작되었다. 어머니가 말씀하시길, 어릴 적부터 나는 음악만 나오면 그렇게 몸을 흔들었다고 한다. 이런 기질은 고등학교를 졸업하고 더욱 드러났다. 나는 중국 현지의 다양한 학교 축제와 쇼핑몰에서 댄스공연을 했다. 그리고 어학연수로 갔던 말레이시아에서 직접 안무를 만들어 뮤지컬 공연도 했다. 호주로 유학 갔을 때도 멜버른에서 가장 인기가 많은 댄스강사로 수년간 활동했다. 그 당시 나는 '춤'과 함께 나의 삶이 빠르게 변하는 것을 느꼈다. 그래서 가끔 나의 실력에 대해 과대평가했다. 한창 잘나갈 때는 뭐라도 된 것처럼 조금 우쭐거리기도 했다. 그런데 그 모든 것이 운이었을까? 실력이었을까?

한국에 입국하기 전까지는 내 인생은 모든 게 다 잘 풀리는 것만 같았다. 자신감도 하늘을 찔렀다. 나에게는 탁월한 능력이 있으니, 예술이든 비지니스든 모든 것을 잘해낼 거라 확신했다.

하지만 막상 한국에서 내가 선택할 수 있는 직업은 많지 않았다. 여기저기 직장을 알아보다가 결국 나는 댄스학원 강사로 취직했다. 호주에서 명성을 날렸던 시절을 생각하면서, 한국에서도 멋진 결과를 낼 거라 기대했다. 하지만 예측과는 다르게 나는 불과 몇 달 후 더 이상 출근하지 말라는 통보를 받았다. 그 당시 나는 많이 당황했다. 하지만 여러 교육과 경험을 통해 통찰력이 생기니 내게 일어난 일들이 이제는 충분히 이해된다.

우선 한국과 호주는 매우 다르다. 호주에서 댄스를 가르칠 때, 나는 그 지역에서 케이팝을 가르치는 유일한 강사였다. 즉, 한국

방송 댄스를 가르치는 사람은 내가 최초였다. 하지만 한국은 케이팝의 본고장이 아닌가? 쟁쟁한 경쟁자들이 너무 많았다. 그리고 한국과 호주의 고용주, 학생들의 색깔도 매우 달랐다. 그뿐인가? 수업 과정에 느껴지는 감정, 흘러가는 분위기도 매우 달랐다. 무엇보다 영어로 가르칠 때와 한국어로 가르칠 때의 전달력과 표현력이 매우 달랐다. 이런 모든 근본적 환경이 달라지면서 결과도 달라졌다. 나는 자아도취 한 나머지 호주에서 겪은 운에 대해 과소평가했다.

삶에서 노력은 필수다. 하지만 노력만으로 되는 일은 절대 없다. 많은 성공자가 그들의 성공비결로 "운이 좋았다"라고 말하는 것이 우연은 아닐 것이다. 나는 종교식 믿음으로 하는 영업을 혐오한 나머지 측정 가능한 것만 믿고 살아왔다. 하지만 아무리 노력해도 도무지 풀리지 않는 영역이 있다는 것을 경험한 후에야 '운'의 영역에 마음을 열었다.

몇 년 전 나는 40대의 한 수강생을 만났다. 그 당시 그녀는 경제적으로 너무나 절박한 상황이었고, 나는 어려운 시절의 내가 떠올라 동정심을 느꼈다. 거주할 곳이 없던 그녀에게 어머니는 방 하나를 내어 주셨고, 우리는 마치 가족처럼 함께 약 1년가량 지냈다. 초반에는 이혼한 남편에게 보내 줄 양육비가 없어 힘들어하는 그녀가 안타까워 내가 양육비를 대신 물어주기도 했다.

나는 그녀에게 콜드콜 기술과 유튜브 채널 키우는 법을 가르첬다. 그녀는 잘 따라왔고, 모든 게 순조롭게 진행되는 듯 보였다. 그녀의 유튜브를 통해 문의하는 고객이 늘어나면서 그녀는 경제적 여유를 얻었다. 그렇게 자녀의 양육비는 물론이고, 더 많은 질적인 시간을 자녀와 함께 보낼 수 있게 되었다.

하지만 그런 시간도 잠시, 나는 내가 한 선택에 대해 깊이 후회하게 되었다. 그녀는 전형적인 '테이커(taker, 받으려고만 하는 사람)'의 기질을 가지고 있었다. 그녀는 나의 가르침에 따라 진심으로 고객을 섬긴다고 말했으나, 행동은 항상 돈을 따랐다. 이쯤 되면 포기할 법도 한데, 나는 기다리면 그녀도 나처럼 바뀔 거라 믿었다. 그러나 한 사람의 타고난 마음을 바꾸기란 불가능했다. 시간이 지날수록 그녀는 점점 더 유명해지면서 언제 나의 도움을 받았나 싶을 정도로 태도가 바뀌었다. 게다가 내게 배운 콘텐츠를 자기 것처럼 떠들어대기 시작했다. 그녀의 욕심은 끝이 없었고, 협력 관계에서 경쟁자 관계로 돌변했다. 죽어가는 뱀을 따뜻하게 안아줬더니, 자신을 안아준 손을 물려고 하는 격이었다.

좋은 인연은 서로의 약점을 보완하지만, 나쁜 인연은 약점을 악용한다. 한국에서 온라인으로 교육하면서 통신판매업에 등록하지 않은 것에 대해 그녀는 나를 협박하기 시작했다. 내가 그런 절차를 밟아야 한다는 것을 알고도 그동안 말해주지 않았다는 것이 정말 소름 끼쳤다. 이것도 모자라 한국에서 외국인으로 사는 나와 어머니를 한국에서 추방하도록 만들겠다고 으름장까지

놓았다. 이런 사람을 믿고 그동안 가족처럼 모든 것을 아낌없이 나눠준 내가 너무 한심하고 화가 났다. 다행히 그 당시 나는 간 이과세자로 통신판매업에 등록할 필요가 없었다.

  좋은 마음으로 사람을 도운 내게 왜 이런 일이 일어났는지 나는 도무지 이해가 안 되었다. 그런데 정회도 님의《운의 알고리즘》을 본 후 모든 의문이 풀렸다.

  그는 어떤 사람을 만나냐에 따라서 전반적인 인생 방향이 달라진다고 말한다. 즉 아무리 좋은 사람도 상극을 만나면 운의 알고리즘이 방향을 잃게 된다는 것이다. 상극의 악연을 만나면 3가지 일이 발생한다고 한다. 첫 번째, 서로가 안 될 운명으로 간다. 두 번째, 한쪽은 안 될 운명으로 가고, 다른 한쪽은 영향을 받지 않는다. 세 번째, 한쪽은 안 될 운명으로 가고, 다른 한쪽은 잘된 운명으로 간다.

  나 같은 경우는 세 번째였다. 그녀는 나를 만나 모든 면에서 나아졌지만, 나는 모든 면에서 기울었다. 하지만 재미있는 사실은 그 악연의 고리를 끊어준 한 수강생이 나의 아내라는 것이다. 내 아내는 '기버(giver, 주려고 하는 사람)'로 내가 다시 서도록 도운 귀인이다. 만약 당신이 악연과 귀인이 교차되는 경험을 한 적이 있다면, 운이 우리 삶에 얼마나 큰 영향을 주는지 알 것이다.

  앞서 말한《운의 알고리즘》에서는 운이 좋다면 노력 없이도 귀인이 먼저 올 수도 있고, 그들이 아무 조건 없이도 날 도와줄 수도 있다고 한다. 하지만 귀인을 만나는 가장 쉬운 방법은 내가 귀인에게 해줄 수 있는 무언가를 갖추는 것이다. 아무리 대단한 사람에게도 부족한 무언가가 있다. 그들을 지켜보며 그들에게 도움이 필요할 때 먼저 손을 내밀어야 한다. 내가 귀인에게 뭔가 해줄 수 있는 것이 있다면, 귀인을 더 빨리 만날 수 있는 것이다.

결국 악연을 끊어준 아내를 만날 수 있었던 것은 내가 포기하지 않고 내 길을 가고 있었기 때문이다. 그 길이 결코 꽃길은 아니었지만, 나는 포기하지 않았다. 내가 만약 그 악연의 시달림을 견디지 못하고 한국을 떠났다면, 나는 내 삶의 귀인인 아내를 만나지 못했을 것이다. 그리고 이렇게 많은 사람을 위한 책을 쓰고 있지도 못할 것이다.
내 아내가 수강생으로 나를 찾아왔을 때, 나는 그녀를 도울 능력을 갖추고 있었다. 그리고 모든 수강생에게 그러하듯 나는 그녀를 진심으로 도우려 노력했다. 그 과정에서 그녀는 내게 마음을 열었고, 그녀는 오히려 내 삶의 귀인이 되어줬다.

사람은 아무리 노력해도 운이 따라주지 않으면, 결국 제자리로 돌아간다. 반대로 운이 좋아서 이룬 실적을 자신의 노력이라고 착각하면, 운이 사라지는 순간 제자리로 돌아간다. 운의 영역은 생각보다 크고 알아차리기 어렵다. 하지만 내가 포기하지 않고 누군가를 도울 수 있는 능력을 갖춘다면, 결국 귀인을 만나는 운이 온다.

　만약 당신이 나처럼 악연으로 힘들다면 과감히 그 고리를 끊고 나오길 바란다. 그리고 악연으로 인해 낭비되는 시간과 에너지를 자신에게 집중하길 바란다. 귀인이 당신에게 왔을 때 그에게 무언가 줄 수 있는 사람이 되자. 그러면 당신은 운이 빠르게 바뀌는 경험을 할 것이다.

((2장))

왜 그 사람이 말하면
빠져들게 될까?

TM영업으로
억대 연봉
버는 비법

고객의 늪에 빠지지 마라

TM영업으로 억대 연봉 버는 비법

누구나 네트워크 마케팅에 대해 한 번쯤 들어봤을 것이다. 나도 20대에 네트워커로 일한 적이 있다. 그 당시 밑바닥에 있던 내게 무자본 창업은 매력적으로 들렸다. 그리고 내 가족이 그 제품으로 인해 건강을 되찾았기에 회사에 대한 무한 신뢰가 있었다. 제품 하나를 팔면 마진율은 약 5% 정도 받았던 기억이 난다. 모든 활동비를 내가 감당해야 하는 상황에서 5%의 마진율은 말도 안 되게 적었다. 그럼에도 불구하고 나는 제품력이 탁월하니 많은 고객을 모을 수 있을 것으로 생각했다. 하지만 이런 짧은 생각은 종교 같은 막연한 믿음에 불과했다.

영업하면서 겪는 일 중 하나가 반품에 관한 것이다. 그 당시 내가 유통한 제품은 건강 기능 식품이었기에 호전반응이 너무 심해 반품을 해달라는 경우가 있었다. 처음 이런 상황을 겪을 때는 어떻게 대처해야 할지 몰랐다. 그러나 다양한 고객을 만나면서 하나씩 알게 되었다. 보통 반품 요청의 내막을 알고 보면, 대부분 어이없는 핑계에 불과했다. 그래도 나는 고객 만족을 최우선으로 여기며, 고객의 목소리에 귀를 기울였다. 이런 나의 태도에 고객들은 마음의 문을 열었고, 충성고객이 되었다.

문제는 고객의 인원수가 많아지면서였다. 그 당시 나의 고객층은 나이가 많아 인터넷 사용을 어려워했다. 그렇다 보니 매달 정기적으로 받는 제품 변경조차 모두 내게 맡겼다. 나는 신규 상담 및 기존 고객의 관리로 24시간이 모자랐다.

그 당시 나는 운전 면허증이 없었기에 대중교통을 이용해야 했다. 약속 시간을 꼭 지켜야 한다는 강박증이 있던 나는 항상 미팅 시간 30분 전에 미팅 장소에 갔다. 1시간의 상담과 다음 목적지 이동 시간을 합치면 3~4시간 단위로 고객을 만났다. 길에서 버려지는 시간이 많다 보니 큰 성과 없이 하루가 금방 지나갔다. 여름이면 흰색 셔츠는 땀에 흠뻑 젖었고, 밥때를 놓쳐 식사를 거르기 일쑤였다.

이런 일상의 반복으로 나는 점점 지치기 시작했다. 그렇다고 많은 수익이 나는 것도 아니었다. 겨우 5%밖에 안 되는 이익은 영업 활동비로 쓰기에도 턱없이 부족했다. 고객이 늘어날수록 이런 영업 방식은 스스로 무덤을 파는 꼴이 되었다.

돌이켜 보면, 고객을 직접 만나지 않고도 전화로 충분히 소통할 수도 있었다. 하지만 그 당시에는 직접 만나 소통하는 것이 신뢰와 친분을 쌓는 방법이라고 생각했다. 나의 스폰서라는 사람들이 모두 그렇게 했기에 나 또한 그렇게 해야 한다고 생각했다. 하지만 꽤 오랜 시간이 흐른 뒤에야 깨달았다. 누구와 함께하느냐에 따라 시간과 비용을 낭비할 수도 있고, 절약할 수도 있다는 것을 말이다.

어느 날 나는 아내와 함께 장을 보고 있었다. 제철보다 일찍 나온 참외를 보고 아내는 너무나 반가워했다. 하지만 그녀는 참외를 곧 외면해버렸다. 가격이 터무니없이 비싸다고 생각했기 때문이다. 이런 상황은 우리 일상에 늘 존재한다.

그런데 아내가 말한 '비싸다'는 정말 비싸다의 의미였을까? 아니면 참외가 간절히 필요하지 않아 비싸다고 말한 것일까? 답은 후자다. 제철 가격의 2배 돈을 주고 그 참외를 먹을 만큼 그녀는 간절하지 않았다. 하지만 만약 내가 그 참외를 간절히 원한다고 말했다면 어땠을까? 그녀는 기분 좋게 참외를 집어 들었을 것이다. 남편이 맛있게 먹고 행복하다면, 참외는 가격 이상의 가치를 주는 존재가 되기 때문이다.

그동안 나는 고객들에게 무료, 저가, 고가 등 다양한 가격으로 나의 상품을 공급해봤다. 그 과정에서 깨달은 한 가지는 가격이야말로 고객에게 가장 중요하지 않다는 사실이다.

　고객 상담 중에 내가 PCM 교육비를 말하고 나면, 고객의 반응이 달라질 때가 있다. 나와의 상담 초반에는 뭐든지 하고 싶다는 의지를 보여주다가 가격을 듣는 순간 주춤한다. 고객은 늘 가장 적은 비용으로 최고의 혜택을 얻기를 원하기 때문이다.

　그럴 때 나는 가격 흥정으로 그들을 설득하지 않는다. 대신 그들이 내는 그 돈이 아주 하찮다는 것을 보여줄 뿐이다. 그들은 인생에서 해결하고 싶은 문제가 있어 나를 찾아왔다. 나는 그 문제를 해결해줄 수 있는 사람이다. 그렇다면 이 시점에 그들이 고민할 것은 돈이 아니다. 그들이 치열하게 고민해봐야 할 것은 '그 문제를 정말 해결하고 싶은지'다. 사실 그렇게까지 해결하고 싶지 않다면, 그냥 살던 대로 살면 된다. 하지만 그 문제로부터 정말 벗어나고 싶다면 벗어나기로 결단하면 된다. 그 과정에 돈이라는 도구가 이용될 뿐 돈은 큰 의미가 없다.

　이런 사실을 모르면 고객과 공급자 모두 손해를 본다. 고객은 무언가 해결하고 싶은 문제가 있을 때 돈을 쓴다. 그들은 그 돈이 문제를 해결해줄 거라고 기대하는 것이다. 하지만 가격을 낮춘다는 것은 공급자의 이윤이 줄어든다는 의미다. 이윤이 줄어드니 품질 또한 안 좋아질 수밖에 없다. 고객은 고품질의 저가 제품을 원했지만, 결국 저품질의 저가 제품을 구매하게 된 것이다. 저품질의 제품은 고객의 문제를 해결하기에 부족한 면이 있다. 즉 가격에는 만족해 구매했지만, 품질이 안 좋으니 고객의 문제는 해결되지 않고, 고객은 재구매도 하지 않는다.

이런 상황에서 승자는 누구일까? 아무도 없다. 고객은 돈을 쓰고도 문제를 해결하지 못했고, 공급자는 재구매를 할 고객을 잃었다. 이것은 모두가 지는 게임인 것이다. 이제 '가격이야말로 가장 중요하지 않다'라는 말의 의미를 알겠는가?

코로나로 참 많은 것이 변했다. 그중 하나가 온라인 교육일 것이다. 나의 정체성 자체가 콜드콜(비대면)이기에 나는 코로나 이전부터 대면보다 비대면을 선호해왔다. 나와 고객 모두의 시간과 비용을 절약해주기 때문이다. 현재 나는 모든 수업을 줌으로 진행한다. 줌을 개발한 개발자에게 절이라도 하고 싶은 심정으로 애용 중이다. 줌은 고객들에게 편리성을 제공하는 아주 좋은 도구지만, 단점도 있다. 집에서 편한 차림으로 참석할 수 있기에 집중을 못 하는 경우가 있다. 어떤 몰지각한 수강생은 친구와 맥주를 마시며 수업에 참석하는 모습을 보였다.

아무리 각자의 공간에 있다고 해도 이런 태도로 수업을 하는 것은 다른 수강생에게도 영향을 줄 수 있다. 물론 그런 태도를 보인 수강생이 평소 실적이 좋거나 열심히 사는 사람이 아니란 것을 우리 모두 알고는 있었다. 그러나 이런 수강생 1명이 물을 흐릴 수 있기에 나는 고객을 가려 받기 시작했다.

내가 이런 결정을 내린 후 수강생의 질과 내부 만족도는 함께 올라갔다. 그리고 돈만 있다고 들어올 수 있는 교육이 아니라는 사실도 금세 퍼졌다. 어려운 결정이었으나 분명 옳은 결정이었다.

고객을 가리는 가장 간단한 방법은 가격을 높이는 것이다. 가격이 저렴하면 다양한 고객층이 들어오게 된다. 물론 그중 정말 괜찮은 고객도 있다. 하지만 가격이 저렴하니 그 교육의 가치를 잘 모르는 사람도 있고, 진상 고객이 들어올 확률도 높아진다.

그러나 가격을 조금 높이면, 고객이 걸러서 들어오게 된다. 사람은 자신이 돈과 시간을 쓰는 곳에 마음이 간다. 또는 반대로 마음이 가는 곳에 돈과 시간을 쓴다. 그리고 자신이 쓰는 '돈과 시간의 양'은 '마음의 양'과 비례한다. 그래서 더 큰돈을 쓴 교육에 대부분 사람은 더 정성스럽게 참여한다. 이렇게 집중해서 참석하니 관점이 넓어지고 영업 능력이 향상된다. 그들은 삶의 모든 면에서 풍요로워지는 것을 경험한다.

교육을 통해 더 많은 돈을 번 경험을 한 사람은 다시 교육에 투자한다. 그리고 돈과 시간을 투자했으니 그의 마음은 또다시 교육으로 향한다. 마음이 있으니 집중해서 참석하고, 집중해서 참석하니 성장의 결과는 또다시 따라온다. 이렇게 삶의 선순환이 시작되는 것이다.

우리는 지금껏 고객이 왕이라고 믿고 살아왔다. 하지만 나는 이 말이 맞지 않다고 생각한다. 고객은 왕이 아닌 '내가 섬길 대상'이다. '그게 왕 아니야?'라고 생각할 수 있으나, 그 둘은 엄밀히 다른 존재다.

왕은 모든 것을 지배할 수 있는 절대 권력의 존재다. 내가 고객을 왕으로 바라본다면, 나는 그들을 섬기는 게 아니라 복종하는 거다. 모든 칼자루를 그가 쥐고 있기에 나는 그에게 끌려다니는 것이다.

하지만 나는 그 칼자루는 내가 쥔 존재라고 생각한다. 고객은 해결할 문제가 있어 나를 찾아온 사람이다. 그 문제를 해결해줄 수 있는 사람이 나라면 칼자루는 내가 쥔 것이다. 그래서 고객이 무슨 핑계로 거절하든 나는 개의치 않는다. 나의 목적은 '고객의 문제 해결'이고, 그들을 '섬기는 마음'으로 내 일을 할 뿐이다. 이런 의미로 보면 내가 '왕'과 같은 존재다. 왕은 백성을 섬기는 마음으로 그들의 고민을 들어주고 해결해주는 사람이기 때문이다.

당신이 '을'이 아닌 '갑'의 입장으로 일하기 위해서는 '왕'의 마음으로 고객을 섬겨야 한다. 그러기 위해 대체 불가능한 사람이 되고자 노력해야 한다. 누구나 손쉽게 얻는 상품과 서비스가 아닌, 나에게서만 얻을 수 있는 무언가를 반드시 만들어야 한다. 당신이 대체 불가능한 사람이 되면, 당신은 '왕'의 마음으로 고객을 섬길 수 있다. 그리고 고객의 늪에 빠지는 실수를 피할 수 있다.

인맥이 없어도
억대 연봉자가 될 수 있다

TM영업으로
억대 연봉
버는 비법

어느 날 나는 유튜브 채널 '신박사 TV'를 보고 있었다. 그날에는 내가 좋아하는 신사임당이 함께 출연해 더욱 흥미롭게 봤다. 신박사는 자신이 싱가포르에서 '인맥'에 대해 깨닫게 된 이야기를 털어놓았다.

싱가포르에서 신박사는 재벌 2세들과 자주 어울렸다고 했다. 그의 유머스러운 캐릭터가 싱가포르에서는 더 잘 먹혔기 때문이었다. 그는 누구라도 부러워할 인맥을 얻었으니 여러 면에서 도움이 될 거라 기대도 했다. 그러던 어느 날 그는 이 모든 게 부질없다는 것을 깨달았다. 무슨 이유였을까?

그는 술자리 또는 스트레스를 풀고 놀 때를 제외하고는 그들과 연결되지 않았다. 즉, 노는 관계 이상으로 발전할 수 없었다. 그는 자신에게 금맥이 생겼다고 생각했으나, 그들은 그렇게 생각하지 않았다. 그들은 그를 술친구 이상으로 생각하지 않았던 거다. 이런 현실을 깨달았을 때, 그는 '인맥'에 대해 제대로 정리하는 시간을 가졌다고 한다.

한국 사회는 '학연, 지연, 혈연'이라는 용어가 있을 정도로 인맥을 중요하게 생각하는 것 같다. 성공하기 위해 줄을 잘 서야 한다는 말이 있을 정도로 내가 누구를 아는지 또한 중요한 것 같다. 중국 또한 인맥을 중요하게 생각하기에 '꽌시(중국어로 관계의 의미)'라는 용어가 흔하게 사용된다. 동서고금을 막론하고 인맥이 중요한 것은 사실이다. 돈과 지혜는 모두 사람에게 있기 때문이다.

그렇다면 우리는 무조건 많은 사람을 알아야 할까? 우리는 어떤 사람을 인맥으로 만들어야 할까? 그 인맥을 쌓기 위해 얼마만큼의 시간과 정성을 들여야 할까?

내가 처음 한국에 왔을 때, 외국인의 신분으로 직업을 찾기가 어려웠다. 그래서 나는 오피스텔 분양 영업을 시작했다. 그 당시 영업 사원들은 줄을 서서 기다리다가 모델하우스 주차장으로 들어오는 차를 쫓아갔다. 차에서 내리는 잠재고객과 접촉하기 위해서였다. 운이 좋으면 자신이 분양하는 오피스텔로 고객을 모셔갈 수 있으나 그렇지 않으면 다시 줄로 돌아갔다. 온종일 땡볕에 서서 나의 실적을 운에 맡기는 것은 꽤 괴로운 일이었다. 한국인 직원들은 가끔 자신들의 인맥을 통해 잠재고객을 소개받기도 했다. 하지만 내게는 어떤 인맥도 없었다. 그래서 나혼자 헤맸던 시간이 꽤 길었다.

다행히 나는 이런 어려움을 극복하는 과정에서 TM영업을 접했다. 그리고 콜드콜 기술 하나로 그 당시 가장 목말랐던 잠재고객의 문제를 단번에 해결했다.

나는 다른 동료들과 달리 모델하우스 주차장으로 나가는 것을 멈췄다. 그리고 팀장님께 DB를 부탁해 콜드콜을 시작했다. 주차장에서는 하루에 보통 5명의 잠재고객과 접촉하는 것이 전부였다. 그리고 5명 모두 모델하우스 방문을 거절한 경우가 대부분이었다. 하지만 나는 콜드콜로 하루에 70명 이상의 잠재고객과 소통할 수 있었다. 그리고 보통 8~10명이 모델하우스 방문을 약속했다. 시원한 에어컨 바람을 쐬며 이런 결과를 낼 수 있다는 것이 나는 너무나 신기했다.

주차장에서 줄을 서 있는 동안 내가 했던 거라곤 동료들과 수다였다. 하지만 콜드콜 과정에서 수많은 거절을 받으며, 나의 내면과 소통 능력은 더욱 단단해졌다. 같은 하루를 보냈지만, 우리의 하루는 달랐다. 나는 나의 하루를 운이 아닌 실력에 맡겼기 때문이다. 동료들은 나의 결과를 시샘했지만, 콜드콜을 배우려 하지는 않았다. 어려운 선택보다 익숙한 선택이 달콤했기 때문일 것이다.

이런 나의 경험은 인맥 없이도 성공할 수 있다는 절대적인 희망이 되었다. 같은 시간을 쓰더라도 어떤 사람은 하루에 겨우 5명을 만나고, 어떤 사람은 수십 명을 만난다. 전환율의 개념을 아는 사람이라면, 많은 고객과 접촉하는 것이 왜 중요한지 알 것이다.

누군가는 전통적인 사고방식에 갇혀 사람을 만나야 일이 된다고 생각할 수도 있다. 그러나 그것은 당신이 기술이 없기 때문이다. 당신이 제대로 된 콜드콜 기술을 갖고 있다면, 당신의 시간뿐 아니라 고객의 시간도 절약해줄 수 있다. 그리고 당신이 원하는 역대 연봉도 달성할 수 있다.

얼마 전 나는 200억 원 자산가인 김태광 대표님으로부터 인맥에 대한 조언을 들었다. 그는 "인맥은 옆으로 쌓는 것이 아닌 오로지 위로 쌓는 것"이라고 했다. '내가 가장 많은 시간을 보내는 5명의 평균 소득이 나의 소득'이라는 말을 들어본 사람이라면, 그분의 조언이 얼마나 타당한 이야기인지 고개를 끄덕일 것이다.

하지만 신박사도 경험했듯이 위에 있는 사람이 나와 비즈니스 인맥을 쌓고 싶어 하지 않는 경우가 많다. 이런 경우 우리는 어떻게 인맥을 쌓아야 할까? 나는 훌륭한 저자의 책을 읽기를 권하고 싶다. 나보다 더 훌륭한 사람들의 관점을 가장 저렴하게 배울 수 있는 것이 독서이기 때문이다.

나는 똥인지, 된장인지 현장에서 확인하는 스타일의 사람이다. 게다가 학교 공부에 적응하기 어려웠던 내게 책은 극복하기 어려운 대상이었다. 그런 내가 책을 읽기 시작한 데는 이유가 있다.

한국에서 외국인으로 사는 것이 힘들었던 나는 동료나 친구들과 시간을 보내며 외로움을 달랬다. 그러나 어느 순간 그런 시간은 나의 문제를 해결해줄 수 없다고 느꼈다. 문제의 해결책을 찾기보다 오히려 더 우울해지고 부정적으로 생각이 변해갔기 때문이다. 그래서 어느 날 나는 겉도는 인간관계를 정리하기로 마음먹었다.

너무 많은 여유시간이 어색해진 나는 고민했다. 이 시간을 무엇으로 채울지 말이다. 사람을 만나지는 않아도 사람과의 소통이 그리웠던 나는 책의 저자들과 소통하기로 마음먹었다. 처음에는 책을 읽는 시간이 너무 느리게 흘러갔다. 하지만 나는 곧 깨닫게 되었다. 그 시간 동안 책을 읽는 것이 아니라 저자를 만나고 있다는 것을. 내 위치에서 성공한 사람을 직접 만날 수 없을지라도, 간접적으로 그들을 만나는 시간은 나를 변화시켰다.

훌륭한 저자들을 하나둘 나의 삶으로 영입하면서 나의 인맥평균은 자연스럽게 올라갔다. 그리고 상황을 바라보는 관점, 문제를 해결하는 능력, 무엇보다 나의 연봉 또한 올라갔다.

시간이 지날수록 나는 사람을 만나는 것을 더 조심한다. 누구를 만나느냐에 따라 우리의 삶이 크게 달라지기 때문이다. 내 주변만 보더라도, 잘못된 배우자를 만나 자신의 꿈을 잃은 채 사는 사람이 1~2명이 아니다. 심지어 지혜롭지 않은 가족의 충고로 잘못된 선택을 해 평생 후회하는 사는 사람도 있다. 만남은 쉽지만, 이별은 어렵기에 함부로 관계를 맺는 것은 위험하다. 힘듦과 외로움을 타인에게 의지하는 시간을 멈춰야 하는 이유이기도 하다.

우리가 원하는 것은 모두 모르는 사람에게 있다. 더 나은 삶을 위한 풍요로운 부도 결국 모두 모르는 사람을 통해 오는 법이다. 하지만 막연히 좋은 인맥이 내 삶의 구세주가 될 거라는 기대는 접어둘 필요가 있다. 가끔은 인맥이 없는 것이 오히려 성공에 더욱 도움이 된다. 그리고 내가 누군가에게 어떤 인맥인지 한 번쯤은 고민해보자. 나는 누군가의 평균을 높여주는 사람인가? 아니면 낮추는 사람인가? 내가 금맥을 원한다면 금맥의 사람이 원하는 모습을 내가 먼저 갖춰야 한다. 그러면 인맥은 옆이 아닌 위로 쌓이게 된다. 무엇보다 실력을 갖춘 사람은 인맥 없이도 억대 연봉자가 될 수 있다. 중국 촌놈이 한국에서 해냈다면, 당신도 해낼 수 있다.

1%가 되기 위해서는
99%와 다른 선택을 하라

세상에는 많은 성공자가 있다. 그리고 많은 사람이 이들의 성공을 우러러본다. 하지만 그 사람 자체를 존경하는 마음으로 보는 경우도 있고, 그렇지 않은 경우도 있다. 이 둘의 차이는 무엇일까?

나는 같은 억만장자라도 좀 더 섹시한 억만장자는 따로 있다고 생각한다. 그들은 자신의 명예와 부만을 좇지 않는다. 그들은 계속 도전하고, 그것을 다른 사람과 나누려 한다. 기업인으로서 도널드 트럼프와 그랜트 카돈을 내가 존경하는 이유이기도 하다.

영업 초반에 나는 세일즈 기술을 터득하기 위해 성공자들의 무료 강의를 수없이 반복해서 들었다. 물론 안 듣는 것보다는 많은 도움이 되었으나 현장에서 적용하기에는 뭔가 부족했다. 이런 시간을 수년간 반복한 후, 어느 날 나는 큰마음을 먹었다. 내 생에 첫 유료 강의를 수강하기로 결정한 것이다.

그날 나는 미국의 한 백만장자가 자신의 프로그램을 홍보하는 영상을 봤다. 그는 자신의 프로그램을 통해 얼마나 많은 젊은이가 성공했는지 설명했다. 수많은 사람이 그에게 감사 메시지를 전하는 후기를 본 후 나는 그냥 있을 수 없었다.

그 당시 나는 금전적 여유가 없어 어머니의 신용카드로 결제했다. 가격은 한화로 60만 원 정도 되었다. 이렇게 큰돈을 처음으로 온라인 강의에 지출한 나는 조금 불안한 마음도 들었다. 하지만 이 경험을 토대로 나는 무료 강의와 유료 강의의 분명한 차이점을 알게 되었다.

그때를 시작으로 나는 적게는 수백만 원, 많게는 수천만 원을 매년 교육에 투자하고 있다. 그리고 이런 나의 결단은 밑바닥 인생의 나를 다음 단계로 이끌었다. 많은 사람이 학교 교육을 끝으로 교육에 투자하지 않는다. 특히 정해진 수입으로 살아가야 하는 직장인일수록 월급의 일부를 교육에 투자하기란 쉽지 않다. 하지만 99%의 평범한 사람들과 다른 삶을 살기 위해 우리가 반드시 해야 하는 것 중 하나가 바로 교육에 투자하는 것이다.

많은 사람이 '자유롭고 풍요로운 삶'을 원한다고 말한다. 하지만 그들의 절실함과 상관없이 그들은 제자리에서 벗어나지 못한다. 왜 그럴까? 만약 당신이 어떤 사람의 진심을 알고 싶다면, 그가 평소에 돈과 시간을 어디에 쓰는지 보면 된다.

예를 들어 이제 막 연애를 시작한 남녀가 있다. 그들은 주말마다 만나 오랜 시간 붙어 있다. 친구들 또는 가족들과 보내는 시간보다 둘이서 보내는 시간이 가장 좋다. 그들의 마음은 서로에게 있기에 돈과 시간도 서로에게 가장 많이 쓰는 것이다.

이처럼 입으로는 성공을 외치면서 자신의 돈과 시간을 엉뚱한 곳에 쓴다면, 그 사람이 정말 원하는 것은 성공이 아니다. 돈과 시간을 쓸 때, 그 사람의 마음이 보이기 때문이다. 게다가 돈을 쓴다는 것은 시간을 쓴다는 의미이기도 하다. 그 돈을 버는 데 분명 시간이 투자되었고, 이미 쓰인 그 돈을 다시 벌기 위해 우리는 또 다른 시간을 써야 하기 때문이다.

누구라도 자신의 큰 목표와 포부를 입으로 말할 수는 있다. 하지만 그것이 지켜지는 것은 말이 아니다. 그가 평소에 돈과 시간을 어디에 쓰냐에 따라 그 결과는 매우 달라진다.

앞서 말했듯이 나는 교육에 투자하는 것을 가장 우선으로 두고 살았다. 그리고 교육에서 얻은 지식과 기술을 현장에 적용했다. 그런 후 '좋아 보이는 것'이 아닌, '좋은 것'들만 추려 수강생에게 전달했다. 무엇보다 나라는 사람의 경험을 바탕으로 한 게 아니라, 외국의 수많은 억만장자의 기술과 조언을 바탕으로 했기에 수강생들의 만족도는 날로 좋아졌다. 그리고 그들의 삶도 빠르게 변했다.

어떤 수강생은 영업직에서 벗어나 창업했고, 어떤 수강생은 '고객을 찾아가는 사람'이 아닌, '고객이 찾아오는 사람'이 되었다. 또 어떤 수강생은 남편과 질적인 대화를 하게 되면서 이혼의 위기를 면했고, 어떤 수강생은 누군가에게 진심으로 존경받는 사람이 되었다. 이들은 단순히 콜드콜을 배우러 왔다가 예상치도 못한 득템을 했다.

이런 경험을 한 나의 수강생들은 매일 내게 감사의 인사를 전한다. 그들은 내가 한국에 들여온 정보와 기술에 대해 하나같이 너무 신선하다고 고백한다. 나의 교육이 그들에게는 지금까지 한 번도 경험하지 못한 교육이기 때문이다.

내가 PCM 교육을 뻔하지 않게 만들 수 있었던 것은 나의 정체성 때문이다. 나는 한국인도, 중국인도, 그렇다고 호주인도 아닌 정체성으로 살았고, 밑바닥에서 살아남기 위해 치열하게 고민했다. 다행히 3개 국어를 할 수 있기에 글로벌적으로 정보를 받아들였고, 돈과 시간을 내 마음이 향한 곳에 투자하며 살았다. 무엇보다 나는 나처럼 헤매는 사람을 진심으로 돕고 싶었다. 이런 모든 요소는 내가 평범한 사람으로 살지 않을 이유를 만들어줬다. 그리고 이렇게 형성된 정체성은 내가 많은 사람을 도울 수 있게 해줬다.

어느 날 나는 그동안 구축해왔던 영업 기술을 무료로 제공하는 실험을 해보고 싶었다. 내가 경험했던 무료와 유료의 차이점을 확인해보고 싶었기 때문이다. 나는 7일간 매일 1시간의 강의를 무료로 진행하는 '7 days' 프로그램을 나의 유튜브에서 홍보하기 시작했다.

곧 30명 가까운 사람들이 모였고, 그중에는 평범한 직장인, 이제 막 영업을 시작해보려는 사람, 10년 차 영업인, 자영업자도 있었다. 참석 첫날부터 사람들의 반응은 좋았고, 그들은 하루도 빠짐없이 참석했다. 그러나 예상했듯이 몇몇은 '무료'라는 안일한 생각으로 참석했다. 반면 '무료'임에도 '유료'처럼 열정적으로 참여했던 사람들도 있었다. 그리고 이들은 나의 유료 강의도 수강했다.

이 실험을 통해 나는 또 한 번 확인했다. '당신이 어떤 사람의 진심을 알고 싶다면, 그가 평소에 돈과 시간을 어디에 쓰는지 보면 된다'라는 것을 말이다. 나는 무료든, 유료든 다 주려고 하는 사람이다. 나의 정체성이 그러하기에 내 교육은 늘 같다. 하지만 상대가 어떤 마음으로 참석하느냐에 따라 결과는 매우 다르다. 그리고 그 결과는 앞으로도 변하기 어렵다.

세상 모든 비즈니스는 판매와 구매의 과정이 있어야 한다. 그리고 구매가 일어나기 위해서는 고객에게 알려지고, 매력적으로 느껴져야 한다. 많은 기업이 마케팅에 큰돈을 쓰는 이유이기도 하다.

이것은 영업에서도 같다. 어떻게 성공적으로 잠재고객에게 나의 상품과 서비스에 대해 알려야 할지, 우리는 깊이 고민해봐야한다. 물론 많은 돈을 광고에 쓸 여력이 된다면 문제가 되지 않는다. 하지만 그렇지 않다면 조금 더 샤프하고 차별화된 방법으로 고객의 마음을 파고들어야 한다. 그러기 위해서는 차별화된 정체성을 가져야 하고, 남들과 다른 선택을 해야 한다.

내가 콜드콜이라는 도구를 잡았을 때, 나는 업체에서 주는 뻔한 스크립트를 읊어대지 않았다. 꾸준히 투자한 교육에서 얻은 지식과 정보를 바탕으로 나만의 스크립트를 만들었다. 콜수를 채우는 동료들과 다르게 나는 1명이라도 진정성 있게 소통하려고 노력했다. 물론 초반에는 동료들보다 결과가 나지 않아 조급한 마음도 있었다. 하지만 그 벽을 뚫지 않으면 나 또한 뻔한 영업인으로 끝날 거라는 것을 나는 알고 있었다. 그래서 답답한 마음을 꾹 누르며 묵묵히 전화를 걸었다.

그리고 더 과감한 도전을 위해 1인 창업을 했고, 교육사업을 시작했다. 주변에서는 커미션만으로도 먹고살기 충분한데, 왜 또 어려운 길을 가려 하냐며 만류했다. 하지만 내가 정말 원하는 삶은 나 혼자 잘 먹고 잘사는 삶이 아니었다. 내 마음 깊은 곳에는 늘 나와 같은 사람을 돕고 싶다는 마음이 있었기 때문이다.

이 세상에 불가능이란 존재하지 않는다. 다만 우리가 그렇게 믿을 뿐이다. 우리가 불가능하다고 생각하는 것은 아직 한 번도 시도해보지 않았거나, 경험해보지 않았다는 의미다. 또는 아직 지식과 기술이 충분하지 않다는 의미다. 지식과 기술이 부족하다면 나처럼 교육에 투자해 배우면 된다. 시도하거나 경험하지 않았다면 직감에 따라 무엇이든 부딪혀 보면 된다. 머리로 고민만 하는 것은 그 자리를 절대 떠날 마음이 없다는 것이다. 그리고 그 상태에서는 영업의 핵심을 가질 수 없다.

영업은 말로 설득하는 일인 것 같지만, 결국 믿음과의 싸움이다. 그리고 그 믿음은 제품에 대한 믿음 이전에 나에 대한 믿음이어야 한다. 이런 믿음이 없이는 작은 저항에도 쉽게 포기하고 싶어진다. 이런 순간에 선택은 결국 당신 몫이다. 꼭 기억하자! 당신의 인생을 대신 살아줄 사람은 이 세상 어디에도 없다는 것을.

TM영업으로
억대 연봉
버는 비법

TM영업,
DB도 없이 할 수 있을까

유치원생부터 성인까지 모두 소유하고 있는 한 가지 물건이 있다. 바로 휴대폰이다. 어떤 사람은 업무상 두 대씩도 가지고 있다. 대부분은 가족, 친구, 지인과 소통하거나 게임, 영상 시청 정도로 휴대폰을 사용하지만, 누군가는 이 도구를 가지고 엄청난 돈을 벌기도 한다. 이 둘의 차이점은 무엇인가?

만약 누군가 당신에게 '현금 100만 불'과 '100만 명의 DB' 중 하나를 당장 선택하라고 한다면, 당신은 무엇을 선택하겠는가? 100만 불은 한화로 약 13억 원 정도 되는 돈이다. 일시적으로 봤을 때 13억 원은 큰돈이다. 13억 원으로 할 수 있는 일은 생각보다 많다고 생각할 수도 있다. 그러나 내 생각은 다르다. 100만 불보다는 100만 명을 내 고객으로 만들어 일시적인 현금이 아닌, 시속적인 현금흐름을 만들어내는 것이 더욱 현명하다고 생각한다. 왜 '100만 달러'보다 '100만 명'을 선택하는 것이 경제적으로 더 이득일까? 사람이 자산이기 때문이다.

100만 명에게 나의 상품과 서비스를 판매하기 위해 노출했다고 가정해보자. 그중 약 10%만 나의 상품에 관심을 보이며 구매한다. 즉 10만 명이 나의 상품을 구매한 것이다. 나의 상품이 10만 원짜리라고 가정해보자. 10만 원의 상품을 10만 명이 구매하면 10억 원이 나온다.

여기서 끝나는 게 아니다. 10만 명 중 나의 다음 상품에 만족한 사람들이 50%라고 가정해보자. 그러면 약 5만 명은 추가로 상품을 구매한다. 그리고 이후 만족도에 따라 고객 중 일부는 수년간 계속해서 나의 상품을 구매한다.

이것은 내가 수년간 지속적인 현금흐름을 만들 수 있다는 의미다. 일시적으로 얻은 100만 불은 일회성으로 사라질 수도 있지만, 100만 명이라는 사람은 영원한 자산이 될 수 있다는 것이다.

누군가는 이런 가정은 어디까지나 가정일 뿐이라고 생각할 것이다. 그러나 내가 이렇게 말할 수 있는 것은 나의 경험뿐 아니라 수강생들의 수많은 사례가 이것을 뒷받침하기 때문이다.

그동안 나를 찾아온 수강생들은 DB도 없이 수백에서 수천만 원의 매출을 만들었다. 나를 찾아올 당시 앞이 캄캄했던 그들은 전화기 한 대로 빚더미에서 벗어났고, 꿈에 그리던 억대 연봉에 도달했다. 어떻게 이런 일이 가능했을까?

수강생 중 A의 이야기를 살펴보자. A는 네트워크 마케팅 영업을 약 14년간 했다. 수년간 영업하면서 DB의 한계에 부딪힌 그녀는 유튜브를 보고 나를 찾아왔다. 그녀는 내가 가르치는 콜드콜로 무한대 인맥을 만들 수 있다는 것에 매력을 느껴 나의 교육에 적극적으로 참여했다.

그녀는 먼저 자신이 사는 동네 자영업장을 네이버에서 검색해 약 1,000명 정도 되는 명단을 작성했다. 그리고 자영업 사장님을 상대로 콜드콜 영업을 시작했다. 불과 몇 주 사이에 그녀는 동네 자영업 사장님들과 인맥을 쌓고, 새로운 고객을 만들기 시작했다. 세상에 이렇게 쉽게 고객을 만들 수 있다는 것에 그녀는 감탄을 멈추지 않았다.

이런 과정을 반복하면서 자영업주의 문제를 해결하는 그녀의 스킬 또한 늘었다. 그녀에게 감동한 사장들은 지인 사장들에게 그녀를 소개했고, 그녀는 탄탄한 유통망을 형성해갔다. 가족, 친척, 지인을 넘어 다양한 업종의 사람들이 그녀의 고객이 되었다. 그녀는 고객으로 만난 그들에게서 정말 많은 것을 배울 수 있다며 행복해했다. 이렇게 전화기 한 대로 할 수 있는 일은 무궁무진하다.

1인 창업을 했을 당시, 나는 아무런 인맥도 없었다. 그냥 전화기 한 대와 컴퓨터 한 대가 내가 가진 전부였다. 따로 사무실을 얻을 형편도 되지 않아 어머니의 집을 사무실로 개조했다. 나의 첫 상품은 '전화 1:1 코칭 서비스'였다. 나는 전화로 고객에게 15분 동안 TM영업에 관한 컨설팅을 해줬다. 문제는 잠재고객이었다. 대체 어디서 고객을 찾을 수 있을지 막막했다.

나는 인터넷을 뒤지기 시작했다. 블로그에 자신을 노출한 사람 중 누가 내 상품에 관심이 있을지 눈여겨봤다. 나는 곧 블로그에 노출된 번호를 보고 1명씩 전화하기 시작했다. 이런 과정을 며칠간 반복한 결과 고객이 점점 늘어나기 시작했다. 그리고 얼마 지나지 않아 1:1 개인 코칭을 더는 못 할 정도로 사람이 많아졌다. 그래서 나는 코칭 방식을 일대 다 화상 미팅으로 바꿨다.

DB 없이 시작한 1인 창업은 아주 성공적이었다. 광고 비용 하나 없이 얻은 매출은 대부분 순수익으로 연결되었기 때문이다. 누군가는 이런 결과를 얻기까지 얼마나 오랜 시간이 걸렸는지 궁금할 것이다. 한 치의 거짓도 없이 말하자면, 콜드콜로 첫 고객을 유치하는 데 단 일주일도 걸리지 않았다.

TM영업하는 대부분 사람은 DB의 질이 중요하다고 말한다. 나도 이 부분에 동의한다. 하지만 나처럼 외국인인 데다가, 한국에 아는 사람이 전혀 없는 상황에서 DB의 질 따위는 중요하지 않았다. DB 자체가 없었기 때문이다. DB가 없다는 것은 접촉할 고객이 없다는 말이다. 접촉할 고객이 없으면 잠재고객도 없고, 매출도 없다. 그 당시 나는 내가 할 수 있는 일부터 해야만 했다. 그것은 바로 인터넷에 노출된 전화번호를 나의 잠재고객이라 가정하고 전화하는 것이었다.

누군가는 이런 방식의 영업이 무식하다고 말할 수도 있다. 하지만 나는 가장 어려워 보이는 방식으로 1인 창업에 성공했기에, DB가 있는 영업은 너무 쉽게 느껴질 수밖에 없다. 대부분 영업 조직은 그 질이 좋든, 나쁘든 DB를 가지고 있다. DB 없이도 콜드콜에 성공한 사람에게 DB는 마치 사막의 오아시스처럼 느껴질 수밖에 없다.

콜드콜을 하는 데 DB는 필수적인 요소가 되지 않는다. 인터넷에 자신을 광고하고, 홍보하는 사람이 너무나 많기 때문이다. 그리고 대한민국 자영업자도 모두 사람이다. 우리에게 필요한 것은 사람이지 DB가 아니다.

이 세상에는 약 80억 정도의 인구가 있다. 한국에서 경제 활동을 하는 사람은 5,000만 명 중 약 2,000만 명이다. 게다가 한국은 다른 선진국에 비해 자영업자가 많다. 2008년 기준 OECD의 평균 자영업자 비율은 15.8%인 반면, 한국은 무려 31.3%이다. 이것은 2배가 되는 비율이다. 그만큼 한국에는 자영업을 하는 사람이 많다는 것이다. 그렇다면 한국은 왜 이렇게 자영업의 비율이 높을까?

유럽에서 자영업자의 국가별 차이를 조사해본 결과, 자영업 비율이 높은 나라는 사회에 대한 만족도가 낮다고 한다. 특히 노동 시장에서 직장의 만족도가 낮거나 재취업이 잘 안 되는 경우 자영업의 비율이 높다고 한다. 그들은 불안전한 취업전선을 피해 자영업에 뛰어든 것이다. 물론 일부 전문 지식을 갖추고 자부심 있게 일하는 사람들도 있다. 하지만 대부분은 최선이 아닌 차선으로 자영업을 선택한다.

이것은 무엇을 의미할까? 그들은 자신의 고민을 털어놓고 도움을 요청할 사람이 없어 외로운 싸움을 벌이고 있다. 그들은 작은 공간에 갇혀 자신의 불편한 문제를 해결해줄 해결책을 기다리고 있다. 그들은 자신을 도와줄 누군가를 기다리고 있다.

당신은 잠재고객을 찾고 그들의 문제를 해결해주는 사람이 아니던가? 그렇다면 당신은 그들을 마냥 기다리게 할 것인가? 아니면 오늘 당장 전화를 걸어 그들이 가진 문제들을 해결하는 데 힘을 쏟을 것인가?

결론적으로 말해 콜드콜에는 한계가 없다. 만약 한계가 있다면, 그것은 한계가 있다고 정해 놓은 당신의 생각일 뿐이다. 우리에게 필요한 것은 사람이다.

물론 이런 방법을 악용해서 사기 치는 사람도 요즘 많이 늘어나고 있다. 머리 없는 중에게 빗을 권하는 식의 영업을 하는 사람도 분명 존재한다. 이런 일은 과거에도, 지금도, 미래에도 피할 수 없는 일인 것 같다. 하지만 영업에 대해 제대로 이해하고 있는 사람은 단순히 물건을 파는 것을 넘어 진정으로 상대의 문제를 해결하는 데 집중한다. 그리고 문제가 해결된 고객은 남다른 인연으로 이어진다. 내가 나의 수강생들과 그러하듯 말이다.

지금 이 순간에도 전화기 한 대로 수많은 사람이 삶을 바꾸고 있다. 말을 잘못하는 사람은 말을 잘하게 되고, 마음이 약한 사람은 마음이 단단해진다. 인맥이 없던 사람은 새로운 인맥을 얻고, 자신감이 없던 사람은 자신감을 찾게 된다.

변화는 먼 곳에 있는 것이 아니다. 바로 지금 이 순간 여기에 있다. 하지만 당신이 두 팔을 벌려주지 않으면, 변화는 당신에게 올 수 없다. 작은 생각에 갇혀 당신의 한계를 긋지 말고 과감히 두 팔을 벌리자. 용기 있게 도전한 나의 수강생들이 그러했듯이 당신의 삶도 빠르게 변할 것이다.

TM영업으로
억대 연봉
버는 비법

부족하다와 같은 말은 겸손이 아니다

어머니가 나를 배 속에 가졌을 때, 어머니는 임신중독으로 힘든 시간을 보내셨다. 10개월을 겨우 버텨 제왕절개로 나를 낳은 후에는 수술 자리에 염증이 가라앉지 않아 위급한 상황에 놓였다. 다행히 어머니는 시골 의사가 내려준 처방으로 겨우 목숨을 건지셨다.

마치 나는 이런 어머니의 고통을 알고 태어난 듯 어려서부터 울지도 않고, 잠도 잘 자고, 순둥순둥하게 컸다. 이렇게 있는 듯 없는 듯 자라는 나를 보며 주변 어른들은 착한 아들이라고 했다. 이런 주변의 칭찬 때문인지, 아니면 타고난 기질인지 모르겠지만, 나는 어려서부터 동정심이 많았다.

초등학교 4학년 때의 일이다. 매일 아침 학교 가는 길에 나는 한 할머니를 만났다. 그분은 언제나 쓰레기로 가득 찬 상자에서 무언가를 찾고 있었다. 나는 그 할머니를 볼 때마다 안타까운 마음이 들었다. 그래서 매일 아침 오이 같은 채소를 몰래 들고나와서 건네 드렸다. 그리고 때로는 내가 받은 용돈을 모아 할머니의 바지 주머니에 넣어 드린 후 도망가기도 했다. 이런 착한 습성으로 나는 늘 어른들의 칭찬을 받으며 자랐다. 하지만 사회에 나와서 알게 되었다. '착한 것만이 능사가 아니다'라는 것을 말이다.

한국 사회는 '겸손이 미덕'이라는 문화가 자리 잡혀 있다. 그래서인지 사람들은 자신을 낮추고, 남을 배려하는 사람을 착한 사람으로 본다. 하지만 배려의 기준이 대체 어디부터 어디까지일까?

얼마 전 나는 수강생들에게 자신의 장점 10가지를 적어보라고 했다. 놀랍게도 그들이 쓴 장점 중 가장 많이 겹치는 것이 '나는 착한 사람이다'였다. 나는 자신이 착하다고 말한 수강생들에게 물었다.

"정말 자신이 착하다고 생각하세요?"
"아직도 좀 부족하지만, 저는 늘 남을 배려하는 사람입니다."

한 사람이 조금 자신감 없는 목소리로 대답했다. 그래서 나는 그녀에게 다시 물었다.

"착하다는 게 무엇을 의미하죠?"

"착하다는 의미에 대해 깊이 생각은 안 해봤지만, 제 생각은…."

나는 여러 수강생에게 동일한 질문을 했지만, 그들의 대답은 모두 비슷했다. 이들은 과연 '착하다'의 의미를 정말 알고 말하는 것일까? 나는 이들이 '착하다'의 깊은 의미를 안다면, 자신의 장점으로 꼽지 않았을 것으로 생각한다.

우리는 반드시 착한 사람이어야 할까? 내 대답은 "예스!"다. 특히 영업에 있어 착한 인품은 매우 중요하다. 하지만 문제는 어설프게 착한 사람들이 많다는 것이다. 이런 어설프게 착한 사람에게 영업의 세계는 지옥일 수도 있다. 영업에 있어서 '정말 착한 사람'과 '어설프게 착한 사람'의 차이는 무엇일까?

정말 착한 사람은 진실로 고객을 섬기고, 그들의 문제 해결에 집중한다. 그 과정에서 고객의 오해를 받더라도 그들은 끝까지 고객을 클로징한다. 그것이 고객의 시간과 비용을 줄여주는 길임을 알기 때문이다. 그들은 진실로 고객을 중심에 두고 생각하기에 고객의 오해가 두렵지 않다.

하지만 어설프게 착한 사람은 고객을 배려한다는 명분으로 고객의 올바르지 않은 결정을 따라간다. 그들은 고객의 감정을 상하게 할까 봐 걱정하고, 그런 상황을 최대한 피하려 한다. 그들은 자신을 배려심 많은 착한 사람이라고 합리화한다. 그러나 그들은 고객이 아닌, 자신을 중심에 두고 생각한 것이다. 그래서 고객의 오해를 피하려고만 한다. 그들은 '정말 착한 것'이 무엇인지 몰라 고객의 시간과 비용을 줄여주지 못한 것이다.

나는 '동정심'의 마음으로 고객을 대하는 것은 중요하지만, 어설프게 착한 마음은 누구에게도 도움이 안 된다는 것을 경험했다. 그리고 이것은 영업뿐 아니라 우리 삶 전체에 적용된다.

내가 호주에 있었을 때의 일이다. 나는 생활비를 벌기 위해 댄스강사 외에 거울을 제작하는 작은 공장에서 파트 타임을 했다. 내가 하는 일은 고객이 원하는 모양대로 거울을 자르거나 붙이는 일이었다. 작은 실수 하나에도 몇 시간 걸려 만든 완성품이 망가질 수 있기에 직원 모두 매우 조심해야만 했다. 처음에는 나도 많은 실수를 했지만, 시간이 지나면서 잘 적응해냈다. 하지만 가끔은 실수를 했고, 그럴 때면 사장님에게 솔직히 말씀드렸다.

당시 공장에는 나 말고도 영국인 직원이 있었다. 그런데 그 친구는 자신의 실수를 자주 은폐했다. 깨진 거울을 숨겨뒀다가 들키면, 여러 가지 이유를 들어 그 상황에서 잘 빠져나갔다.

나는 약 1년 가까이 그곳에서 성실하게 일했고, 호주에 있는 동안은 계속 함께할 것으로 생각했다. 그러나 회사가 어려워졌을 때 사장은 내가 아닌, 영국인 직원을 선택했다. 나는 그 상황이 이해가 안 되었다. 나는 성심성의껏 거울을 만들었고, 회사가 잘되길 바랐다. 늘 솔직하고 투명하게 나의 실수를 인정했다.

그러나 그 당시 나는 영국인만큼 영어가 유창하지 않아 회사에서 일어나는 일들에 대해 제때 대처하지 못했다. 결국 사장은 영국인이 은폐했던 깨진 거울도 모두 내 짓이라고 생각했던 것 같다. 게다가 나는 내가 잘한 부분을 사장에게 드러내지 않았다. 나 또한 겸손이 미덕이라고 믿었기 때문이다. 나중에 알게 된 사실은 내가 이뤄낸 고객 만족의 공을 그 영국인 직원이 가로챘다는 것이다. 결국 소통 능력이 부족하면 누구의 마음이 더 진정하고 착한지와 상관없이 이런 일을 겪을 수 있다는 뼈아픈 경험을 했다.

아무런 배경도, 지식도 경험도 없을 때는 뭐라도 시도해봐야 한다. 고객의 선택을 받기 위해 자신의 장점과 포부를 직접 홍보하지 않으면 그들은 절대 모른다. 겸손하고 착한 사람이라는 인정을 받기는커녕 무능한 존재로 인식될 수도 있다.

세상은 직접적인 이익을 가져다주는 사람을 원한다. 이런 현실은 누구에게나 적용된다. 만약 당신이 고객이라면 착하지만 부족한 영업 사원을 선택하겠는가? 아니면 좀 센 이미지라도 자신의 문제를 바로 해결해주는 영업 사원을 선택하겠는가?

'사회 기준에서 착한 것'과 '개인 기준에서 착한 것'은 근본적으로 다른 성질을 가지고 있다. 사회에서는 공동체 이익이 우선이다. 매출이 급격히 하락하면 모두 직업을 잃게 된다. 회사들은 이런 무의식의 두려움으로 치열하게 경쟁한다. 그런데 한 개인이 착한 마음으로 열심히 일은 하고 있지만, 그것이 매출과 상관없다면 회사는 그를 어떻게 바라볼까? 그는 회사의 존속에 해가 되는 존재로 인식된다. 그가 착한 마음을 지녔다는 것은 회사의 결정에 아무런 영향력도 행사하지 못한다.

1인 창업하면서 가장 힘들었던 것은 누구에게도 나의 부족한 점을 드러내면 안 된다는 것이었다. 특히 영업 초반에 겸손은 나에게 사치에 불과했다. 내가 고객의 문제를 해결할 능력이 부족하다고 보이는 순간, 고객은 곧바로 등을 돌리기 때문이다. 당장 앞에서는 위로와 응원의 말을 할지 모른다. 하지만 나를 좋아하는 것과 나와 비즈니스를 함께하는 것은 분명한 차이가 있다.

"많이 부족하지만 잘 부탁합니다"라는 말은 더 이상 겸손을 의미하지 않는다. 이런 말들은 마치 "부족하니 좀 봐주세요", "늦어도 용서해주세요", "실수해도 좀 봐주세요"라는 의미와 크게 다르지 않기 때문이다.

자신을 어떤 모습으로 정의하냐에 따라 당당히 삶을 이끌 수도 있고, 삶에 질질 끌려갈 수도 있다. 우리는 모두에게 잘 보일 필요가 없다. 나에게 당당하다면 누구에게도 당당할 수 있다. 착한 사람과 겸손의 정의를 다시 한번 생각해보길 바란다.

왜 그 사람이 말하면
빠져들게 될까

TM영업으로
억대 연봉
버는 비법

'칭찬은 고래도 춤추게 한다'라는 말은 한국 사람이라면 모두 한 번쯤은 들어봤을 말이다. 하지만 똑같은 칭찬의 말이라도 누가 어떻게 하느냐에 따라 상대방에게 전달되는 것이 매우 다르다. 그래서 칭찬으로 한 말에 오히려 감정이 상하기도 하고, 영혼 없이 한 칭찬에 상대가 뛸 듯 기뻐하기도 한다. 왜 같은 칭찬이라도 이렇게 결과가 다를까?

어느 날 나는 아내를 도와주러 아내의 학원에 잠깐 들렀다. 거기서 아내의 거래처 사장님으로 보이는 50대 후반의 남성분을 만났다. 초면인 우리는 서로 인사를 나눴고, 그는 이런 칭찬의 말을 했다.

"목소리가 마치 목사님 목소리 같네요. 인상도 참 좋고 표정이 밝으세요."

한참 손 아래 나이의 내게 그가 한 칭찬은 순간 내 마음을 파고들었다. 만난 지 채 1분 도 안 되어 나는 그분께 호감을 느꼈다. 그가 단순히 나를 칭찬했기 때문이 아닌 그의 멘트 때문이었다.

나는 평소에도 목소리가 좋다는 이야기는 많이 들었다. 하지만 '목사님의 목소리와 같다'라는 그의 디테일한 칭찬은 나의 주목을 끌 수밖에 없었다. 나는 이분이 보통 분이 아님을 직감했다. 나중에 아내에게 물어보니 학원 원장들 사이에서는 모르는 사람이 없을 정도의 영업 베테랑이라고 했다.

영업하면서 멘트는 정말 중요하다. 우리는 멘트 하나 때문에 신뢰를 쌓기도 하고, 신뢰를 잃기도 한다. 내가 PCM 교육에서 롤플레이와 자신을 소개하는 '1분 피치'를 반드시 하는 이유이기도 하다. 영업에 있어서 멘트 개발의 필요성은 아무리 강조해도 과하지 않다. 하지만 멘트만 배운다고 과연 멘트가 좋아질까?

요즘 나를 찾는 수강생이 점점 늘어나면서, 성공 사례 또한 늘고 있다. 그중 J의 이야기를 한번 보자.

J는 내가 막 PCM 교육을 시작했을 때 내게 1:1 코칭을 받았던 수강생 중 1명이다. 코칭 종료 후 나는 그녀와 따로 연락하며 지내지는 않았다. 그런데 어느 날 그녀에게 연락이 왔다. 그녀는 나의 코칭을 받은 이후 다른 교육에도 돈과 시간을 썼는데, PCM 교육만큼 효과를 보지 못했다고 말했다. 한참 만에 재수강을 원한다며 연락한 그녀에게 유일한 문제는 수강료였다. 그사이 나의 수강료는 올라갔는데, 그녀의 경제 상황은 오히려 안 좋아진 상태였다. 그녀는 교육비를 마련하는 데 약 한 달 정도 시간이 걸린다며 기다려달라고 부탁했다.

나는 그녀의 목소리에서 간절함이 느껴졌다. 그래서 내가 그녀를 위해 할 수 있는 최선이 무엇일지 고민하다가 그녀에게 물었다.

"변화의 시작점을 한 달 뒤로 미루는 것이 현명합니까? 아니면 지금 당장 시작하는 것이 현명합니까?"

"지금이요."

"제가 만약 고객님의 상황이라면, 용기를 내 이런 제안을 시도할 겁니다. '재수강하는 사람으로서 PCM 교육의 진가를 알아보고, 대표님께 다시 연락드렸습니다. 현재 저의 자금이 원활하지 않아 수강료 전액을 바로 드릴 수 없습니다. 하지만 일부라도 먼저 드리고 수업에 참여하고 싶습니다. 저는 더 이상 변화를 미룰 수 없는 상황입니다. 제가 교육에 참석할 수 있도록 허락해주시면, 나머지 금액은 한 달이라는 시간 안에 반드시 해결하겠습니다'라고요."

나는 그녀의 입장이 되어, 그녀가 내게 제안할 수 있는 방법과 멘트까지 그 자리에서 보여줬던 셈이다. 그녀는 어리둥절해하면서 말했다.

"이렇게 기회를 얻는 방법도 있네요. 오늘도 대표님께 또 배웁니다."

그녀는 지금 당장 기회를 쟁취하는 방법에 대해 또 한 번 배운 것이다.

그 당시 나는 수강료 몇 푼을 받고자 이런 제안을 한 것이 아니었다. 그녀의 어려운 상황에 맞춰 나도 최선을 다하고 싶었다. 내게는 이런 원칙이 있다.

'내게 상담 요청하는 고객은 모두 해결하고 싶은 문제가 있다. 그러니 그들이 아직 수강료를 내지 않았다고 하더라도, 그들과 통화하는 가운데 어떻게든 그들을 도와야 한다.'

그녀는 나의 도움이 절실히 필요한 사람이었고, 그 당시 나의 목표는 어떤 형태로든 그녀를 돕는 것이었다. 그녀가 등록하지 않더라도 나와 통화한 시간 속에서 하나라도 배워가길 바랐던 것이다. 그녀는 이런 나의 진심을 느꼈고, 통화 후 바로 PCM 교육에 참석했다. 그리고 불과 몇 달 후 그녀는 '월천녀'라는 타이틀을 가지게 되었다.

만약 그때 교육 시점을 한 달 뒤로 미뤘다면 그사이 어떤 일이 발생했을지 아무도 모른다. 기다리는 과정에 마음이 바뀌어 수강하지 않았을 수도 있고, 돈을 마련하지 못해 한 달 이상 미뤄졌을 수도 있다. 중요한 것은 그녀가 재수강에 실패했다면 지금의 결과도 없었을 거라는 거다.

영업에서 멘트는 정말 중요하지만, 멘트만 따라 한다고 영업이 잘되는 것은 절대 아니다. 중요한 것은 말하는 사람의 마음 그릇, 즉 정체성이다. 상대의 마음을 파고드는 멘트는 말하는 사람의 마음 그릇에 따라 전달되는 깊이가 달라지기 때문이다.

물론 마음 그릇에서 나온 멘트와 그냥 입에서 나온 멘트가 바로 구별되지는 않는다. 하지만 세상에 비밀이 없듯, 결국 고객은 알아차린다. '말을 진짜 잘하는 사람'은 '말만 잘하는 사람'이 아님을 반드시 명심하자.

그럼 반대로 마음만 쓴다고 멘트가 달라질까? 그렇지도 않다.

나는 콜드콜 브리핑을 위해 고객이 마음을 열 수밖에 없는 멘트를 먼저 개발한다. 그다음 그 멘트를 현실화시키기 위해 모든 노력을 다한다.

예를 들어 "전화기 한 대로 하루에 순수익 천만 원 버는 방법에 대해 알려 드릴게요"라는 멘트로 브리핑한다고 해보자. '하루에 순수익 천만 원'은 누구나 혹하는 멘트다. 하지만 이런 멘트가 오히려 오해를 불러일으킬 수도 있다. '설마 그게 가능하겠어?', '이 사람 거짓말하는 거 아니야?', '혹시 사기꾼인가?' 등 많은 생각이 그들의 머리를 스칠 것이다. 그들이 어떻게 생각할지 이미 나는 알고 있기에 천연덕스럽게 브리핑을 이어 나간다. 그리고 고객은 결국 마음을 연다. 내가 하는 말들이 거짓이 아님을 브리핑 과정에서 모두 보여주기 때문이다.

실제로 나는 이 멘트를 위해 '하루 순수익 천만 원'에 도전했다. 전화상으로 하루에 순수익 천만 원 클로징이 쉬운 일은 아니었다. 사실 중간에 포기할까 생각도 했다. 하지만 내가 이것을 해내지 못하면, 저 멘트는 쓰레기통으로 들어간다는 것을 나는 알고 있었다. 그래서 계속 시도했고, 결국 해냈다. 그리고 그 멘트는 나의 또 다른 정체성이 되었다.

과일나무에 비유하자면, 멘트는 열매다. 사람이라면 당연히 빛깔 좋고 먹음직스러워 보이는 열매를 원한다. 고객도 마찬가지다. 누군가의 열매가 잘 팔려나가는 것을 본 한 영업 사원이 자신도 그 열매를 수확할 계획을 세운다. 그래서 좋은 토양에 씨앗을 심고 물도 잘 주며 키워본다. 그런데 한참 뒤 수확한 열매는 자신이 봤던 그 열매가 아니다. 고객들의 반응도 시큰둥하다.

같은 조건에서 수확했는데, 왜 다른 결과가 나왔을까? 씨앗의 품종이 달랐기 때문이다. 씨앗은 한 사람의 정체성이다. 내가 나를 중심에 두고 생각하는지, 고객을 중심에 두고 생각하는지에 따라 나의 정체성은 달라진다. 이 정체성에 의해 멘트와 전달력도 달라질 수밖에 없다. 그리고 멘트에서 드러나는 정체성이 고객에게 신뢰를 줄 수 있다면 거래는 성사된다. 그러나 그저 말 잘하는 사람의 멘트로 느껴진다면 고객은 등을 돌린다.

현재 나는 많은 사람에게 'PCM' 교육을 제공한다. 즉, 나는 교육을 파는 사람이다. 학교 졸업 후 교육에 한 번도 투자해보지 않은 사람은 내 프로그램 가격이 부담스럽다고 말하기도 한다. 그런데 이런 고객조차 내가 오히려 큰소리치면서 클로징 할 수 있는 것은 나의 정체성 때문이다.

평소 나는 내 프로그램 교육비보다 몇십 배가 넘는 돈을 교육에 투자하고 있다. 이렇게 투자한 교육에서 배운 내용으로 나의 프로그램은 계속 업그레이드된다. 나는 고객에게 교육에 투자하라고 설득해야 하는 사람이다. 그런데 내 정체성이 교육에 투자하지 않는 사람이라면, 내 입에서 나가는 멘트는 결국 뻔해진다. 그런 뻔한 멘트는 고객의 마음을 열 수도 없고, 신뢰를 쌓을 수도 없다.

멘트를 개발하는 것은 중요하다. 그러나 내가 멘트에 부합되는 결과를 만드는 것이 무엇보다 중요하다. 앞서 말했듯이 '전화기 한 대로 하루에 순수익 천만 원 버는 방법'이란 멘트를 사용하기 위해서는 실제로 내가 그것을 해내야 한다. '그렇게까지 해야 하나?', '좀 더 빠른 길은 없나?'라는 생각이 들 수도 있다. 하지만 나에게 쉬워 보이는 길은 남에게도 쉬워 보인다. 모두 쉬운 길로 들어가서 같은 방법으로 배우니 그들의 입에서 나오는 멘트는 결국 뻔해진다. 그리고 그런 뻔한 멘트에 속을 만큼 멍청한 고객은 없다. 자신의 정체성이 드러나는 멘트는 결코 뻔하지 않다. 그것은 고객의 마음을 파고들 수밖에 없다. 당신도 빠져드는 멘트의 주인공이 되길 응원한다.

고객이 자꾸 거절하면 이렇게 해보라

TM영업으로
억대 연봉
버는 비법

사람들은 누군가의 거절을 두려워한다. 그것은 영업인도 마찬가지다. 하지만 영업의 세계는 고객의 거절과 그 거절 처리가 전부라고 해도 과언이 아니다. 그래서인지 서점에는 그와 관련된 책이 수없이 많다.

하지만 책을 읽는다고 그 방법을 현실에 바로 적용할 수 있는 것도 아니다. 읽을 당시에는 용기가 솟아오르고 할 수 있을 것 같으나 차가운 고객의 거절은 여전히 두렵다. 오늘 나는 당신이 조금은 다른 관점으로 거절에 접근해보길 바란다.

만약 이 세상에 거절이 존재하지 않는다면 어떨까? 분명 지금보다 많은 사람이 나의 상품과 서비스를 구매할 것이다. 얼핏 들으면 이것은 기쁜 소식이다. 하지만 조금만 깊이 들여다보면 그

것이 마냥 좋은 일은 아니다.

고객의 거절이 없다는 것은 모든 고객이 모든 제안에 '예스!'라고 외치는 것이다. 이 말은 나의 상품을 구매한 고객이 다른 사람의 상품도 쉽게 구매한다는 뜻이다. 결국 고객의 돈이 바닥날 때까지 고객은 모든 제안을 받아들일 것이다. 그리고 어느 순간 고객은 나의 상품을 구매할 돈이 없게 될 것이다. 고객은 나의 제안을 거절하지 않지만, 결국 나는 거절을 당할 수밖에 없다. 돈이 없는 고객에게 제품을 공짜로 줄 수는 없기 때문이다.

단순히 상품에 그친다면 큰 상처가 될 것은 없다. 그러나 나의 배우자가 누군가의 제안을 거절하지 않는다면, 문제는 훨씬 복잡해진다. 거절이 존재하지 않는 세상에서는 나와 결혼한 상태에서도 다른 사람의 청혼을 거절하지 못한다. 얼마나 끔찍할지 한번 생각해보라. 이렇듯 세상에는 거절이 존재해야만 한다. 그래야 지금과 같은 세상이 유지될 수 있기 때문이다.

TM영업을 하는 사람은 다른 영업인보다 더 많은 거절을 당한다. 누군지도 모르는 사람의 전화를 환영하며 받을 사람은 없기 때문이다. 그래서 고객은 내가 무슨 말을 해도 좀처럼 나의 말을 신뢰하지 않고, 바쁘다며 전화를 끊으려고 한다.

그런데 여기서 우리가 생각해봐야 할 것은 이런 고객의 반응이 '당연하다'라는 것이다. 이 당연한 것을 당연하게 받아들이지 않는 사람은 결국 TM영업을 포기한다. 그들은 자기가 주먹구구식으로 영업했다는 생각보다 '콜드콜은 안 되는 것인가 보다'라고 생각하며 포기한다.

하루는 여직원이 PCM 교육프로그램 판매를 위한 콜드콜을 하고 있었다. 그녀는 무려 1시간이 넘도록 통화했으나, 좀처럼 결제에 이르지 못하고 포기했다. 옆에서 그녀를 지켜보고 있던 나는 곧바로 고객에게 다시 전화를 걸었다.

"PCM 경제경영 연구소 대표 아이스 강입니다. 혹시 저희 프로그램을 구매하지 않은 이유가 무엇인지 솔직히 말씀해주실 수 있나요?"
"생각해볼 필요가 있어서요."
"이 제품을 공급하는 사람으로서 제가 가장 잘 알고 있으니 생각해볼 사항을 저에게 공유해주시면 어떨까요? 고객님 혼자서 생각하시는 것보다 훨씬 빠른 결정을 하실 수 있을 것입니다. 구매하든, 안 하든 빨리 결정하는 게 고객님께 도움이 되지 않을까요? 혹시 당장 결제할 현금이 없어서 결정하지 못하는 건가요? 아니면 저에 대한 확신이 부족한가요?"

약 10분가량의 통화 끝에 나는 결국 고객의 상품구매를 유도해냈다. 그리고 바로 그다음 날부터 교육을 수강하게 되었다. 이미 1시간이 넘도록 통화한 고객에게 다시 전화하는 것은 고객에게는 부담스러운 일일 수도 있다. 하지만 고객이 거절하는 데는 분명 이유가 있다. 그리고 내가 할 수 있는 최선은 당장 고객의 의문을 해소해주는 일이다. 즉, 고객이 당장 서비스를 이용하도록 고객의 문제를 해결해줘야 한다. 결론적으로 고객들은 항상 거절하게 되어 있다. 그리고 그 이유는 크게 2가지다.

첫째, 그들은 과연 이 상품이 나의 문제를 해결해줄 수 있는지 확신이 없다.

둘째, 그들은 내가 과연 해낼 수 있을지 자신감이 없다.

보통 고객은 상품에 대한 확신이 부족하면, 가격이 부담스럽다고 말한다. 문제 해결이 안 될지도 모르는 상품에 돈을 쓰는 행위에는 리스크가 따른다고 생각하기 때문이다. 그럴수록 고객에게 필요한 것은 가격 인하가 아니다. 대신 고객의 문제가 확실히 해결될 것이라는 확신을 심어줘야 한다. 결국 고객에게 필요한 것은 상품 그 자체도, 저렴한 가격도 아니다. 그들은 오로지 상품이 자신의 문제를 해결해줄 수 있는지에 관심이 있을 뿐이다.

많은 시행착오 속에서 이것을 깨달은 나는 콜드콜을 할 때 단순히 상품 설명에만 그치지 않는다. 오히려 나라는 사람을 담보로 내세울 때가 많다. 내가 당신의 문제를 얼마나 진심으로 해결해주고 싶은지 보여주려고 늘 노력한다. 즉, 내가 얻는 소득을 우선시하는 것이 아니라 진심으로 고객의 문제 해결에 집중하는 것이다.

고객에게는 여러 방법으로 확신을 줄 수 있다. 예를 들어 고객이 만족하지 않는 상품에 대해서는 일정 기간 안에 환불해준다는 의지를 보여 줄 수도 있다. 영업인은 고객의 부담을 확신으로 바꾸기 위해 최선을 다해야 한다. 그러기 위해서는 먼저 자신에 대한 확신을 가져야 한다. 확신 있는 자가 덜 확신 있는 자를 이끌기 때문이다.

어느 날 나의 수강생 1명이 고민을 털어놓았다. 자신은 진심으로 고객을 도우려 하는데, 그들은 자신의 열정을 부담스러워한다는 것이다. 그녀는 무언가 잘 모르고 있는 듯했다. 고객은 자신의 문제를 해결해주기 위해 열정을 보이는 사람을 절대 부담스러워하지 않는다. 만약 고객이 부담스러워하는 것 같다면, 그것은 오히려 당신이 고객과 진실한 소통을 시작했다는 의미이기도 하다.

물론 최선을 다해 도와주려고 해도, 고객이 거절하는 경우가 종종 있다. 상품에 대한 신뢰는 있지만, 과연 '나에게 맞을까?'라는 개인적인 고민 때문이다. 아무리 훌륭한 피트니스 코치가 도우려 해도 '과연 내가 이렇게 어려운 고통을 견뎌낼 수 있을까?'라고 생각할 수 있는 것이다. 이런 고객의 진짜 마음을 제대로 파악하지 못하면, 엉뚱한 이야기만 늘어놓게 된다. 그렇다면 우리는 어떻게 고객의 진짜 마음을 알 수 있을까?

영업하는 데 있어 경청이 중요하다는 사실은 누구나 알고 있다. 다만 실천하는 데 한계가 있을 뿐이다. 왜 사람들은 경청을 힘들어할까? 그냥 상대의 이야기를 열심히 듣는 데서 그치기 때문이다.

경청은 나의 태도에서부터 시작된다. 어떤 자세로 듣고 있고, 어떤 눈빛과 표정으로 공감하고 있으며, 어떤 궁금증과 질문으로 소통을 이어 가는지 이 모든 게 경청이다. 무엇보다 상대를 도우려는 마음이 출발이어야 한다. 즉, 동정심이 없이는 경청이 힘들다.

콜드콜이 어려운 이유도 이런 경청의 태도를 상대에게 보여줄 수 없기 때문이다. 그래서 우리는 의도적으로 더 열심히 들어야 한다. 그리고 상대의 마음을 파고드는 질문을 할 수 있어야 한다. 이런 질문은 경청을 돕기도 하지만, 상대가 이 상품을 구매할 자격이 되는지도 빠르게 확인시켜 준다. 즉 올바른 질문은 서로의 시간을 절약해준다.

이 세상에서 거절은 당연하다. 모든 사람이 나를 필요로 하는 것은 아니며, 나 또한 모든 사람을 필요로 하지는 않기 때문이다. 하지만 세상에 해결하고 싶은 문제가 없는 사람은 없다. 그래서 모든 사람은 자신의 문제를 해결해줄 누군가를 기다리고 있다.

　당신은 어떤 이유로 영업인이 되었는가? 영업을 하면 돈을 많이 번다는 말에 이끌려 영업의 세계에 발을 담갔는가? 실제로 영업은 밑바닥에서 중산층까지 빠르게 올라갈 수 있는 직업군이 맞다. 하지만 영업의 본질을 놓치는 순간, 다시 밑바닥으로 내려앉을 수도 있다.

　영업은 고객의 마음을 얻는 일이다. 그러기 위해서는 당신이 먼저 마음을 줘야 한다. 이 본질에서 벗어나지 않는다면, 당신은 단순히 돈을 넘어 존중과 명예, 그리고 행복까지 함께 얻을 것이다. 거절하는 고객은 오히려 그들의 문제 해결의 기회를 잃는다는 마음으로 일하는 우리가 되길 희망해본다.

3장

고객의 마음을 사로잡는
TM영업 7가지 원칙

TM영업으로
억대 연봉
버는 비법

TM영업으로
억대 연봉
버는 비법

파는 것이 아니다.
사게 하는 것이다

"데이비드, 저는 파는 일을 하는 게 아니에요. 그냥 이 영양제가 좋아서 정보를 전달할 뿐이에요."

"아이스, 지금 너는 팔고 있는 거야."

"아니에요. 저는 제가 먹어보고 좋으니까 그 경험을 전달하는 일을 할 뿐이에요. 저는 영업 사원이 아닌데 왜 자꾸 판매한다고 생각하세요? 이게 판매하는 일이었으면, 저는 이것을 시작하지도 않았어요. 저는 영업을 하고 싶지는 않다고요."

"아이스, 몇 번을 말해야 하니? 네가 하는 그 행위 자체가 판매이고 영업이야."

"데이비드, 당신과는 말이 안 통해서 그만해야겠어요. 더 하다가는 감정이 상할 것 같아요."

"아이스, 도대체 어디서 무슨 말을 듣고 와서 네가 이러는 것인지 모르겠구나. 네가 판매를 하는 게 나쁘다는 게 아니야. 하지만 네가 무엇을 하고 있는지도 모르면서 어떻게 그 일을 하겠니? 네트워크 마케팅은 제품을 유통하는 일이야. 유통이라는 게 무엇을 의미하는지 아니? 고객에게 제품을 판매한다는 거야. 회사는 많은 고객이 많은 제품을 사야 돈을 버는 거고, 네가 그 회사 대신 영업과 판매를 하는 거야. 그런데 너는 왜 자꾸 정보 전달이라고 말하는 거니?"

호주에 있던 시절, 나는 교회 권사님의 소개로 호주 가정에서 홈스테이를 했다. 그리고 앞의 대화는 나의 호주 아빠와 나눴던 대화다. 그 당시 나는 영양제를 유통하는 네트워크 마케팅 사업을 소개받았다. 가난에서 벗어나기 위해 모든 정보에 열린 마음이었던 나는 네트워크 마케팅은 비전 있는 일이라 생각해 사업을 시작했다. 네트워크 초반에 나는 무엇이 판매이고, 영업인지도 모른 채 교육받은 대로 설명했다. 지금 돌이켜 보면, 정말 쥐구멍에라도 들어가고 싶은 심정이다.

네트워크 마케팅 회사에서는 "우리가 하는 일은 정보를 전달하는 일, 경험을 나누는 일이다"라고 교육한다. 즉 판매나 영업이 아닌 나처럼 정보를 나눌 사람을 찾고, 그 사람들을 교육하는 '교육사업'이라고 말한다. 이 말은 반은 맞고, 반은 틀리다. 하지만 많은 사람이 쉽게 발을 들여놓게 하려면 저 표현은 매우 적합하다. 보통의 사람은 영업과 판매에 자신 없어 하기 때문이다. 나조차도 그 일이 판매와 영업이라고 했다면, 시작할 엄두를 내지 못했을 것이다.

나는 스폰서라는 사람들이 알려주는 대로 정말 열심히 했다. 인맥을 쌓기 위해 여러 단체에 들어갔고, 친분이 생기면 자연스럽게 영양제를 소개했다. 그리고 그들이 알려준 대로 이 일이 얼마나 비전 있는 일인지 열변을 토했다. 나는 모든 사람이 나처럼 이 일을 시작할 거라고 기대했다. 그러나 많은 사람이 나를 피했다. 그리고 시간이 가도 나의 통장 잔고는 변하지 않았다. 그 당시에는 이렇게 열심히 해도 왜 성공할 수 없는지 도무지 이해가 안 되었다. 그러나 어느 날 모든 퍼즐 조각이 맞춰졌다. 종교식 영업의 한계를 본 것이다.

일반 영업 조직에 들어가면, 자기계발서를 많이 추천받는다. 자기계발을 하는 사람이 그렇지 않은 사람보다 긍정적이고 진취적으로 바뀌기 때문이다. 하지만 잘못된 방식으로 자기계발에만 치우치면 오히려 부작용을 겪을 수 있다. 특히 영업 초반에 자기계발만 하면서, 자신의 영업 현실을 미화하는 경우가 있다.

예를 들어 고객에게 상품을 판매하다가 실패할 경우, 소통 방식의 부족한 점을 찾고 고치기보다 고객에게 잘못을 돌리는 경우가 있다. 즉 무슨 상황이든 긍정적으로 합리화하는 것이다. 영업인들은 거절이 일상이기에 감정의 회복 탄력성이 중요하다.

그래서 자기계발서로 에너지를 얻는 것이다. 하지만 평소에 내가 얼마나 긍정적인지와 상품을 판매해서 매출이 나오는 것은 아무런 상관이 없다. 매출을 올리고 싶다면 매출을 올리기 위한 행위를 해야 한다. 해야 할 것을 제대로 안 하면서 자기계발만 하는 것은 전쟁에 나가지도 않으면서 갑옷만 겹겹이 입는 것과 같다.

같은 회사에서 교육받고 같은 상품을 판매하는데, 왜 누구는 실적이 좋고, 누구는 실적이 나쁠까? 먼저 판매를 잘하는 사람의 특징을 살펴보자.

대부분 고객은 자신이 한 번도 경험하지 못한 뭔가를 기다리는 사람이다. 판매에서 가장 중요하게 생각해야 할 부분이 '고객의 입장'인 이유가 여기에 있다. 고객이 어떤 경험을 원하는지 모른다면, 우리는 무엇도 판매할 수 없다. 게다가 우리가 제안하는 것이 뻔하면 결과는 더욱 뻔하다. 고객이 기다리는 것은 '한 번도 경험하지 못한' 것이지, 어디서나 볼 수 있는 것이 아니기 때문이다.

혹시 이것은 나도 다 아는 사실이라고 생각하는 사람이 있다면, 다시 한번 생각해보길 바란다. 당신이 정말 알고 있다면, 당신은 이미 판매를 잘하는 사람이어야 한다. 사람들은 '머리로 이해한 것'과 '깨달은 것'을 자주 혼동하는 경향이 있다. 머리로 이해만 한 것은 행동의 변화를 일으키지 못한다. 하지만 당신이 정말 깨달았다면 여러 가지 시도를 했을 것이고, 당신만의 필살기를 만들었을 것이다.

'고객의 입장'에서 생각한다는 것은 엄청난 에너지와 노력을 요구한다. 원태연 작가의 《넌 가끔가다 내 생각을 하지. 난 가끔가다 딴생각을 해》라는 책을 아는가? 나는 이 제목을 들었을 때 성공한 영업인의 특징을 잘 표현했다고 생각했다.

'난 가끔가다 딴생각을 해'라는 의미를 다시 풀어보면, '가끔 딴생각을 하는 때를 제외한 모든 순간 네 생각을 해'라는 의미도 될 수 있다. 당신은 '잠깐 딴생각을 하는 때를 제외한 그 모든 순간'에 고객의 입장과 그들의 문제에 집중해본 적이 있는가? 누군가는 그게 가능하냐고 반문하고 싶을 것이다. 내 경험으로는 가능하다. 이것은 가능성의 문제가 아닌 선택의 문제기 때문이다.

'고객의 입장'에서 오랜 시간 생각하다 보면 그들이 어떤 경험을 원할지, 어떤 문제를 해결하고 싶을지 여러 가지 아이디어가 떠오른다. 그러면 내가 가진 상품을 그 아이디어와 어떻게 연결할지 다음 고민으로 넘어간다. 그리고 마지막으로 이런 나의 마음을 고객에게 어떻게 효과적으로 표현할지 고민하게 된다.

이런 오랜 고민 끝에 나온 서비스와 멘트는 고객의 마음을 파고들 수밖에 없다. 가족을 포함해서 누구도 그들의 입장에서 그렇게까지 생각해준 사람이 없기 때문이다. 이것이야말로 '한 번도 경험하지 못한'이라는 표현이 어울리는 것이다.

영업은 많은 것이 함축된 단어인 것 같다. 누군가는 그저 물건을 판매하는 것으로 생각할 수 있지만, 조금만 다른 관점으로 보면 영업은 굉장히 매력적인 일이다. 그리고 이 매력적인 일로 끝까지 살아남고 성공하려면, 다음 2가지 원칙을 기억하자.

첫 번째, 공짜로 주고 또 주고 그다음 팔자.
두 번째, 비싼 정보를 아주 저렴하게 팔자.

여기서 공짜로 주라고 하면, 누군가는 공짜 샘플을 줘야 하나 생각할 것이다. 하지만 내가 말하는 공짜는 그런 공짜가 아니다. 대부분 사람은 보험, 화장품, 부동산 등 자신이 판매하는 상품에만 집중한다. 그러나 공짜로 주는 전략은 고객이 시간과 비용을 낭비하지 않도록 귀중한 정보를 공짜로 다 주라는 것이다. 고객에게 줄 귀중한 정보를 갖추기 위해 당신은 고객 입장에서 치열하게 공부하고 경험하며 분석해야 한다. 그렇게 어렵게 얻은 정보를 공짜로 준다면, 고객은 당신에게 마음의 문을 열 수밖에 없다. 그다음 판매는 자연스러운 과정이다.

다음으로 비싼 정보를 저렴하게 팔라는 것은 당신 스스로 그 정보를 얻기 위해 교육과 경험에 비용을 쓰라는 의미다. 내가 얻은 정보가 무료로 얻은 것인지, 유료로 얻은 것인지에 따라 당신의 심리는 달라진다. 게다가 당신이 유료로 얻은 정보를 당신이 낸 비용보다 저렴하게 공급한다면, 당신은 '갑'의 입장이 될 수밖에 없다.

내가 교육 컨설팅에 뛰어든 이후 주변에서 가장 많이 듣게 된 말이 있다.

"그렇게까지 해줄 필요가 있어? 상대방에게 받은 금액만큼만 줘도 되는데, 왜 그렇게 못 줘서 안달이야?"

덕분에 나는 호구라는 별명까지 얻었다. 대부분 사람은 받는 만큼 주면 된다고 생각하며 산다. 하지만 나는 그들에게 동의하지 않는다. 사람은 줄수록 더 부유해지고, 행복하다고 생각하기 때문이다. 나는 행복하고 싶고, 부유해지고 싶은 사람이기에 먼저 주고, 더 많이 주려고 한다.

영업은 파는 일이 아닌 주는 일이다. 그리고 당신이 주는 것이 값질수록 고객은 사게 된다. 그래서 이왕 줄 거 잘 주는 방법을 끊임없이 연구해야 한다. 당신이 이 핵심을 머리로 이해하는 게 아니라 깨달음으로 받아들인다면, 영업이라는 매력적인 일에 더욱 깊이 빠져들 것이다.

TM영업으로
억대 연봉
버는 비법

이익이 없는 곳에
이익이 숨어 있다

한국에서 처음 컨설팅 교육을 하고자 마음먹었을 때, 내가 가진 것은 젊은 열정과 옳은 일을 향한 단순하고 무식한 추진력밖에 없었다.

나의 첫 교육은 네트워크 마케팅에 종사하는 사람들을 위해 시작되었다. 20대에 누구보다 열심히 네트워크 마케팅을 했던 나는 어느 날 깨달았다. 네트워크 산업에서 성공한 사람들이 얼마나 무책임한 방식으로 사람들을 이끌었는지 말이다. 네트워크 마케팅도 엄연히 영업인데, 그들은 '정보 전달'과 '교육 사업'이라는 말로 사람들을 안심시켰다. 많은 사람은 이 말만 믿었고, 결국 그들이 말하는 성공을 이루지 못한 채 중간에 그만뒀다. 네트워커들은 그런 사람들을 향해 '집에 갔다'라고 표현한다.

왜 그들은 버티지 못하고 집에 갈까? 여러 이유가 있겠지만, 결국 명단의 한계와 영업 능력 부족이 가장 큰 이유다. 주로 지인을 상대로 제품을 판매하다 보니 결국 잠재고객에 한계가 있는 것이다. 게다가 이 일을 영업으로 바라보지 않기에 그들의 교육은 오로지 '회사, 제품, 마케팅'에 고정되어 있다. 하지만 정작 가장 중요한 '영업'은 배운 적도 없고, 배울 기회도 없어 보였다.

개인적으로 나는 '네트워크 마케팅' 구조 자체는 좋은 일이라고 생각한다. 한 사람이 성장하는 데 필요한 많은 것을 경험할 수 있는 일이기 때문이다. 하지만 '성공자'란 사람들의 말만 따라서는 답이 없다고 생각했다. 그래서 나는 사람들에게 이것을 알려줘야 한다고 생각했다. 나는 사람들이 나처럼 돈과 시간을 잃지 않도록 도와줘야 한다고 믿었다.

처음에 나는 한 사람에게 1만 원씩 받고 5명만 모이면 강의하러 갔다. 나는 대구, 부산, 창원, 대전, 수원, 서울, 청주, 안산 등 전국 팔도로 다녔다. 대부분 경우 내가 받는 수강료보다 자동차 기름값이 더 많이 들었다. 그래서 낮에는 막노동 현장에 나가 돈을 벌었다. 그리고 거리가 너무 먼 경우는 새벽에 집에 돌아오지 못하고 휴게소에서 잠을 잤다.

중국에서도 나의 강의를 너무 듣고 싶다는 요청이 들어와 한 달 동안 매일 무료로 강의한 적도 있었다. 그 당시 나는 사람들을 도와야 한다는 사명감으로 모든 기회에 '예스!'를 했던 것 같다. 경제적 어려움으로 가끔 너무 힘들었지만, 옳은 일을 하고 있다는 생각에 뿌듯했다.

하지만 내 가족과 주변인들은 걱정이 컸다. 돈을 받는 것도 아니면서 자비로 중국까지 가는 것은 현실적이지 않았기 때문이다. 외국인 신분으로 한국에서 자리를 잡기 위해 뭐라도 해야 할 때, 사람을 돕는 데만 정신이 팔려 있는 내가 그들 눈에는 비현실적으로 보였을 것이다. 그들은 그만 직업을 찾는 게 더 낫지 않겠냐며 나를 설득했다.

지금 돌이켜 보면 나도 이런 행위가 잘 이해가 안 된다. 하지만 20대에는 '내가 할 수 있는 것은 무조건 해보자!' 주의였던 것 같다. 나의 무식하지만 용감했던 스토리를 들은 현재, 누군가는 아마도 이런 의문이 들 것이다. '이렇게 돈도 제대로 벌지 못했던 사람이 과연 나를 도울 수 있을까?'

나는 초등학교 때부터 주는 게 익숙한 사람이다. 친구들 사이에서도 항상 돈 문제에 대해 너그러운 편이었다. 늘 아낌없이 상대에게 주려고 노력하다 보니 상대가 배신했을 때 받는 상처와 실망감이 더 컸던 것도 사실이다.

그러나 이런 기질은 사회에 나와서도 똑같이 적용되었던 것 같다. 사회는 경쟁이 치열한 곳이다. 그래서 나 같은 '기버' 스타일은 사회에서 호구처럼 이용만 당하기 쉽다. 그러나 이것을 안다고 해도 내 기질이 하루아침에 바뀌지는 않는다. 그래서 나는 큰 이변이 없는 한 나의 기질대로 사람을 대한다. 이게 나의 정체성이기 때문이다.

상대에게 주는 혜택이 크다 보니 수강생들은 나와 함께하면 할수록 만족도가 올라간다. 그래서 수강생들의 소개로 PCM 교육을 문의하는 사람도 많다. 하지만 어디에나 마음 그릇이 안 예쁜 사람은 있다. 실제로 나와 오랫동안 함께한 수강생 중 K라는 사람은 내 교육 콘텐츠를 자기 것처럼 홍보했고, 교육 프로그램을 만들었다. 내가 이것을 어떻게 알았는지 궁금한가?

어느 날 한 고객이 상담을 요청했다. 그녀는 자기에게 닥친 문제의 해결법을 모색하던 중 콜드콜 영업에 대해 알게 되었다. 그녀는 K의 홍보 영상을 보고 문의했다. K는 평소 내가 교육에서 했던 말을 그대로 사용해 브리핑했고, 자신은 사람을 도울 마음으로 교육 사업을 시작했다고 덧붙였다고 한다. 그런데 브리핑 마지막에 K가 제안한 교육비는 절대 밑바닥에 있는 사람이 지불할 수 없는 액수였다.

K의 말을 듣고 나니 이 교육을 안 들으면 절대 안 될 것 같다고 생각한 그 고객은 집을 팔아서 교육비로 쓰려고 했다. 그러다 순간 이런 생각이 들었다고 한다. '밑바닥에 있는 사람을 돕기 위해 교육 사업을 시작한 사람이 이런 큰 액수의 수강료를 요구한다는 게 과연 맞는 것일까?' 그래서 잠시 모든 것을 보류했다.

그리고 그 과정에 유튜브에서 나를 발견했다.

그녀는 내가 유튜브에 무료로 제공한 콘텐츠를 보고 놀랐다. K에게 큰돈을 내야 들을 수 있을 것 같던 내용이 무료로 올라와 있었기 때문이다. 나는 늘 80%의 콘텐츠를 무료로 푼다. 나눠야 행복하고, 나눠야 성공하기 때문이다. 결국 그 고객은 나에게 연락했고, 자세한 상담 후 수강을 결정했다.

나는 수강생들에게도 '80:20의 법칙'을 많이 강조한다. 무료로 80%, 유료로 20%를 주라는 것이다. 얼핏 듣기에 이것은 말이 안 되는 논리다. 80을 주고 20으로 돈을 벌면 남는 게 없을 거라 생각되기 때문이다.

물론 작은 생각에 갇힌 사람들은 내가 아무리 말해줘도 '80:20의 법칙'을 실행하지 못한다. 수년간 내게서 배운 사람이 나가서 하는 행동을 보며 나 또한 깨달은 바가 많다. 그중 한 가지는 '사람의 타고난 마음 그릇을 바꾸는 것은 불가능하다'였다.

우리는 누군가의 말만 믿고 인생을 거는 모험을 한다. 나 또한 수많은 잘못된 선택을 했다. 게다가 나처럼 누군가에게 주는 것을 좋아하는 사람은 특히나 더 그럴 수밖에 없다. 이런 경험 속에서 내가 얻은 원칙이 하나 있다. 그 사람의 말이 아닌 '그 사람이 돈과 시간을 어디에 썼는지 그 역사를 보라'는 것이다. 그것이 그 사람의 '정체성'이기 때문이다. 이 전략은 내가 덜 틀리는 선택을 할 수 있게 해준 최고의 전략이다.

이런저런 억울한 일을 당하면 모든 것을 그만두고 싶은 생각도 든다. 나 또한 그랬다. 하지만 내가 만약 컨설팅 초반에, 이 것저것 이익을 따져가면서 할 수 있는 것과 할 수 없는 것을 재고만 있었다면 어떻게 되었을까? 아마도 오늘의 나는 존재하지 않았을 것이다.

내 주변만 보더라도, 당장 이익에 눈이 멀어 장기적으로 얻게 될 훨씬 큰 이익을 잃게 되는 경우가 많다. 예를 들어 작은 관점으로 선택한 결과, 훌륭한 스승 또는 귀인을 잃거나 더 큰 부와 명예를 얻을 기회들을 놓치는 것이다.

워런 버핏(Warren Buffett) 투자의 첫 번째 원칙은 '돈을 잃지 마라'다. 두 번째 원칙은 '첫 번째 원칙을 기억하라'다. 기업인으로서 망하지 않는 것은 그만큼 중요하다. 나는 모든 개인은 작은 기업이라고 생각하며 살았다. 그래서 절대 망하지 않는 것을 목표로 두고 버텼던 시간이 대부분이었다.

나는 돈을 받고 일할 때도 있었고, 돈을 제대로 받지 못하고 일할 때도 있었다. 그런데 내가 더 많이 배우고 성장했을 때는 돈을 제대로 받지 못하고 일했을 때였다. 물론 돈의 유혹을 뿌리치며 망하지 않고 견디는 게 쉽지는 않았다. 하지만 이런 시간은 나의 일에 대한 정의와 관점을 바꿔줬다. 그리고 결국 내가 진짜 무엇을 위해 일하는지 깨닫게 만들어줬다. 게다가 쉽지 않은 결정을 하면서 산 덕분에 보통의 사람과 다른 정체성을 가질 수 있었다. 그리고 그 정체성 덕분에 내가 그 당시 벌 수 있던 돈보다 훨씬 더 많은 돈을 벌 수 있게 되었다.

사람들이 성공하지 못하는 이유 중 하나는 '어려운 결정'을 못하기 때문이다. 그런데 이것은 어쩌면 당연하다. 우리는 본능적으로 익숙하고 편한 것을 따르도록 디자인되어 있기 때문이다.

한 분야에서 독특하게 차별성을 지닌다는 것은 쉽지 않다. 그렇다고 불가능한 것도 아니다. 나 같은 경우 외국인에 학력은 겨우 고졸밖에 안 된다. 그러나 옳은 일을 하지 않고, 현실에 급급한 삶을 사는 것은 죽는 것보다 못하다고 생각했다. 그래서 나의 전략은 절대 굶어 죽지 않고 무조건 버티는 것이었다.

같은 1년을 보내더라도 얼마나 어려운 결정을 하며 1년을 보내느냐에 따라 사람은 다르게 성숙해진다. 즉, 무조건 나이만 먹는다고 성숙해지는 게 아니라, 어떤 결정을 하면서 사냐에 따라 성숙의 정도가 달라지는 것이다.

무엇보다 이 세상에는 '측정 가능한 영역'보다 '측정 불가능한 영역'의 범위가 훨씬 더 크다. 사람으로서 미래에 발생할 일에 대해 예측하는 것에는 한계가 존재하기 때문이다. 나 또한 이것을 깨닫는 데 참으로 오랜 시간이 걸렸다.

우리는 스스로 많이 안다고 착각하고, 내 앞에 놓인 이익을 계산할 때가 많다. 그러나 계획대로 되는 것처럼 보이다가도, 상황에 따라 급변하는 경우가 많다. 또는 처음 의도와 완전히 다른 결과를 가질 때도 있다. 이런 결과는 계획한 것보다 훨씬 훌륭할 수도 있고, 나쁠 수도 있다. 이런 '측정 불가능한 영역'을 좀 더 알고 싶다면, 나심 니콜라스 탈레브 저자의 통찰이 담긴《행운에 속지 마라》도 참고해보길 바란다.

우리 중 누군가는 성공하고, 누군가는 그러지 못하는 것이 현실이다. 그렇다고 누군가의 성공에 대해 과대평가할 필요도 없고, 누군가의 실패를 과소평가할 필요도 없다. 이 모든 것은 필연적인 것처럼 보이지만, 의외로 운의 영역일 때도 있기 때문이다.

중요한 것은 '우리가 당장 앞에 놓인 선택들에 대해서 얼마나 많은 것을 모르고 있느냐'다. 어쩌면 이익 없어 보이는 곳에 가장 큰 이익이 숨겨져 있는 것이 아닌가도 싶다. 당신은 어떻게 생각하는가?

이렇게
클로징 하라

KB금융그룹이 한국 부자의 현황, 부의 축적 방식 및 향후 투자 방향 등 부자의 자산관리 방법을 분석한 '2021 한국부자보고서'에 따르면, 2020년 말 기준 한국 부자는 39만 3,000명이다.

금융자산 10억 원 이상을 보유한 '한국 부자'가 40만 명에 육박한 것이다. 이는 한국 전체 인구의 0.76% 정도 차지하는 비율이다.

거의 모든 사람은 부자가 되기를 원한다. 그래서 "이러이러한 방법으로 부자가 되었어요"라는 메시지에 귀가 커진다. 그리고 부자들이 조언하는 대로 여러 시도도 하고 노력도 해본다. 부자가 되기 위해 노력은 필수다. 그러나 '노력'이 부자의 삶을 보장하는 것은 아니다.

우리는 다양한 나라와 배경에서 태어난다. 자라는 환경 또한 다르기에 나와 완전히 똑같은 삶을 사는 사람은 단 1명도 없다. 누군가 "세상은 불공평하다"라고 말하는 이유도 이 때문일 것이다. 하지만 우리 모두에게 공평하게 주어진 단 하나의 것이 있다. 바로 '시간'이다. 우리가 사는 이곳은 3차원의 공간이고, 이곳에는 하루 24시간이 존재한다. 즉, 누구도 24시간보다 긴 하루를 보낼 수 없다. 게다가 우리는 모두 이곳에서 일정한 시간을 보낸 후 죽도록 설계되어 있다. 그래서 모두가 원하는 부자가 되더라도 그 시점이 죽기 직전이라면, 그것은 너무나 슬픈 일이다.

부자들이 돈보다 시간을 더 중요하게 여기는 이유도 여기에 있다. 돈은 불릴 수 있지만, 시간은 늘릴 수 없기 때문이다. 우리 부모 세대에는 열심히 일하고 잘 모아서 재산을 늘렸다. 그러나 그것은 지금과는 맞지 않는 전략이다. 이제 사람들은 그냥 부자가 아닌 '젊은 부자'가 되길 원한다. 부자들만 알던 시간의 중요성이 평범한 사람에게도 퍼져나갔기 때문이다.

나는 평범한 사람이 부자가 되는 가장 빠른 방법으로 영업을 적극적으로 추천한다. 나 또한 영업과 콜드콜로 밑바닥에서 벗어나 빠르게 올라갈 수 있었다. 내가 영업을 만나지 않았다면, 지금쯤 시흥 시화공단의 어느 공장에서 일하고 있을지도 모른다. 게다가 사랑스러운 나의 아내도 만나지 못했을 것이다.

영업을 제대로 배우면 평생 망하지 않는 기술을 얻게 된다. 바로 소통 기술이다. 내가 이미 여러 차례 강조했지만, 내가 원하는 모든 것은 '내가 모르는 사람'에게 있다. 그리고 그것을 얻기 위해서는 그들과 원활히 소통하는 능력이 필요하다. 내가 한 번만 이 기술을 갖추면, 나는 평생 망하지 않는 기술을 얻는 것이다. 이것은 내가 아내에게 청혼할 때도 쓰였던 필살기다.

"나는 절대 망하지 않는 사람이에요. 내가 가진 기술은 누구도 빼앗아 갈 수 없거든요. 나와 결혼해줄래요?"

이것이 내가 아내에게 했던 프러포즈 멘트다. 다행히 지혜로운 그녀는 나의 진가를 알아봤고, 청혼을 받아들였다.

당신은 '구매결정력이 곧 판매결정력이다'라는 말을 들어봤는가? 나의 멘토인 그랜트 카돈이 늘 하는 말이다. 나 또한 이보다 더 진실한 표현은 없다고 생각한다.

요즘 나는 교육 문의가 점점 많아지면서 상담하는 시간이 늘어나고 있다. 이런 때 가장 중요한 것이 신속한 상담 기술이다. 나를 찾는 대부분 고객은 영업직에 종사하는 사람이다. 그들은 내가 가지고 있는 콜드콜 기술을 얻고자 나에게 상담을 요청한다. 그중 어떤 사람은 상담 즉시 교육에 등록하고, 어떤 사람은 고민할 시간이 더 필요하다고 한다. 고민하는 고객을 기다려주는 것은 내게 전혀 문제가 되지 않는다. 하지만 그들에게는 문제가 될 수 있다. 이게 왜 그들에게 문제가 될까?

그들은 나의 교육뿐 아니라 무언가를 구매할 때 많은 시간을 소비하는 사람이다. 즉 구매결정력이 느린 사람들이다. 그런 그들이 고객에게 판매할 때는 어떨 것 같은가? 그들은 고객이 "고민할 시간이 필요하다"라고 말하면 어쩔 수 없이 기다릴 것이다. "생각해보겠다"라는 말을 듣게 되면, 그들은 무의식적으로 배려하게 되기 때문이다. 느린 구매결정력이 그들의 정체성이기에 그들은 느린 구매결정력을 가진 고객을 이해하는 것이다. 그래서 구매결정력이 느린 사람은 고객의 빠른 구매결정을 이끌지 못한다. 반대로 구매결정력이 빠른 사람은 고객의 빠른 구매결정을 이끈다.

안타깝게도 그들이 배려라고 생각하는 것은 진짜 배려가 아닌 무지에서 나온 배려일 뿐이다. 그래서 나는 내게 상담을 받는 사람에게 빠른 구매결정력이 왜 중요한지 꼭 말해준다. 이렇게까지 알려줘도 결정을 미루는 사람은 안타깝게도 희망이 없다. 그들은 돈보다 시간을 중요하게 생각하는 부자의 사고에서 먼 사람들이기 때문이다. 영업은 평범한 사람이 부자가 될 수 있는 빠른 길은 맞다. 하지만 가난한 사고를 버리지 않는다면 삶은 변하지 않는다.

나는 수강생들에게 "판매는 감성이고, 클로징은 이성이다"라고 늘 말한다. 고객 1명을 설득하는 데 잘 훈련된 멘트뿐 아니라 예술적인 측면도 중요한 이유다. 우리가 입는 옷, 쓰는 말, 얼굴 표정, 들리는 목소리, 마음에서 나오는 이야기 모두는 상대방의 감성을 자극한다. 하지만 요즘처럼 너도나도 영업에 뛰어드는 세상에서 자칫 똑같은 검정 펭귄처럼 보일 수도 있다. 이런 검정 펭귄은 고객을 지루하게 만들고, 더 나아가 소음으로 들린다. 그래서 판매를 담당하는 감성 부분은 최대한 '나다움', 즉 '나의 정체성'으로 가야 한다.

한번은 한 고객이 PCM 교육에 관한 문의를 했다. 나는 평소대로 전체 교육과정을 짧게 설명한 후 가격을 안내했다. 그는 자신이 지금껏 살면서 교육에 그런 돈을 써 본 적이 없다며 고민했다. 이때 나는 그에게 이렇게 말했다.

"요즘 세상에 믿을 사람이 있나요? 지금 제가 무슨 이야기를 하든 고객님은 저를 신뢰할 수도 없고 그래서도 안 돼요. 제가 어떤 사람인 줄 알고 저를 믿습니까? 하지만 고객님은 지금 당장 해결하고 싶은 문제가 있어서 제게 연락하셨죠. 그것을 해결하고 싶은 게 확실하다면, 저를 시험해보실 수밖에 없어요. 저는 제 교육이 가치가 있다고 생각해서 판매하는 사람입니다. 제 입에서 나오는 말은 당연히 좋은 이야기밖에 없어요. 그러니 고객님이 직접 참여하셔서 확인해보세요. 참석해봤는데, 아니다 싶으면 저라는 사람을 빨리 버리셔야 합니다. 제 유튜브 구독도 당장 취소하시고 다른 사람을 찾으시면 됩니다. 하지만 제 교육을 경험하지 않은 상태에서 계속 고민하시면, 고객님의 시간만 낭비될 뿐이에요. 고객님 한 분 등록하지 않는다고 제 삶에 큰 영향은 없어요. 하지만 문제가 해결되지 않은 채 시간을 낭비하면 고객님의 삶에는 영향이 있을 수밖에 없어요. 인생에 중요한 것은 추가 시스템이 아니라 제거 시스템입니다. 아닌 것들을 가려서 버리고, 되는 것들만 남기는 거죠."

보통 영업 사원은 고객을 설득하는 데 많은 시간을 할애한다. 하지만 나는 고객의 문제를 해결하는 데 모든 초점을 맞춘다. 이런 접근 방식으로 고객과 소통하면, 고객은 기억도 못 할 상품 설명을 듣느라 시간을 낭비하지 않게 된다. 나 또한 신속히 상담을 마치고 중요한 일에 내 시간을 쓸 수 있다.

판매와 클로징 과정에서 시간의 지연은 누구에게도 도움이 되지 않는다. 영업 사원의 일은 오직 하나다. 고객의 돈과 시간을 절약해주고, 그들의 문제를 해결해주는 것. 그것이 우리가 해왔고, 앞으로도 할 일이다.

모든 부자는 자신의 시간을 아껴줄 사람을 찾는다. 그리고 그들 또한 누군가의 시간을 아껴주고 싶어 한다. 시간이 결국 돈이기 때문이다. 이 원칙 하나만 잘 지켜도 고객을 올바른 방향으로 이끌 수 있다.

실제로 나의 수강생 대부분은 내가 12년에 걸쳐 터득한 콜드 콜 기술을 단 몇 주 만에 배우고 있다. 나는 그들의 시간을 적어도 5년에서 10년 단축해주고 있다. 이제 당신도 누군가의 시간을 아껴줄 차례가 온 것 같지 않은가?

대화 속에 정보가 있다

처음 호주 멜버른에 도착했을 때, 나는 아는 사람이 아무도 없었다. 그래서 혼자 모든 것을 개척해야 했다. 내가 그곳에서 생존하기 위해 시급했던 것은 영어다. 영어를 단시간에 늘리려면 무엇부터 해야 할지 나는 전혀 감이 잡히지 않았다. 그래서 내가 처음 시도한 것은 호주인들만 다니는 교회에 참석하는 것이었다.

처음 교회에 갔을 때가 아직도 생생히 기억난다. 목사님의 설교에서 내가 유일하게 알아들었던 단어는 'Jesus(예수)'밖에 없었다. 예배가 끝나면, 신도들은 그날 설교에 대한 각자의 생각을 나누는 소모임을 가졌다. 그 시간에 나는 손에 땀이 날 정도로 긴장되었다. 뭐라도 말을 해야 하는데, 아무것도 못 알아들어서 무엇을 나눠야 할지도 몰랐다. 물론 말하고 싶은 것이 있다고 해도 본토인처럼 유창하게 말하지 못하기에 결과는 같았다.

교회 문밖으로 나올 때면, 나는 항상 우울했다. 호주에 오기 전까지 나는 인기 있는 댄서였다. 늘 사람들의 주목을 받았고, 그 주목은 내게 당연했다. 물론 호주 교회에서도 주목은 받았다. 그러나 그 주목은 내가 받아왔던 주목과는 달랐다. 나는 내가 바보처럼 느껴졌다.

게다가 내가 살던 곳은 교회에서 아주 멀었고, 교통비는 부담스러웠다. 이런 상황에도 불구하고 매주 교회에 간다는 게 쉬운 일은 아니었다. 하지만 나는 직감적으로 알았다. 내가 이것을 견뎌내야 한다는 것을. 그리고 이런 인내의 시간은 결국 내게 큰 선물을 줬다. 그것은 '상대가 이야기하도록 만드는 기술'이다.

이 기술의 핵심은 '리액션'이다. 어떤 사람과 대화하든 이것은 모두에게 통한다. 나는 원어민들이 소통할 때 주로 무엇을 말하고, 어떤 리액션을 취하는지 열심히 관찰했다. 그리고 내가 따라 할 수 있는 리액션을 따라 하기 시작했다.

어느 날 '샘'이라는 친구가 내게 말을 걸어왔다. 사실 나는 그의 말을 전혀 알아들을 수 없었다. 그래서 내가 했던 것은 '리액션'이다. 나는 그의 말끝에 "Okay", "Cool!", "Wow!", 이 3가지 단어만 반복적으로 했다. 그리고 평소 연습했던 질문 한두 개를 던져봤다.

이렇게 시간을 보내다 보면, 내가 마치 상대와 깊은 대화를 하거나 원어민과 친구가 되는 느낌이 들었다. 그래서 상대의 말을 못 알아들어도 나는 항상 '리액션'을 했다. 재미있는 것은 상대방은 내가 못 알아듣고 있다는 사실도 모른 채 계속 말을 한다는 것이다. 그들이 더 많은 말을 할수록 나의 연습 시간은 늘어났고, 배울 수 있는 확률도 높아졌다. 결국 나는 남들이 10년 지나도 안 된다는 영어를 3년 만에 정복했다.

영어를 배우는 데 큰 도움이 되었던 '리액션' 법칙은 내가 영업할 때도 엄청난 도움이 되었다. 고객이 말을 많이 하도록 만드는 방법은 동서고금 다르지 않다. 우리는 예나 지금이나, 동양이나 서양이나, 모두 사람이기 때문이다.

내가 처음 영업을 시작했을 때, 나는 영어와 마찬가지로 주로 '리액션'만 할 뿐 말을 아꼈다. 그러면 고객은 신이 나서 말을 했고, 나는 그들을 파악했다.

영업의 기본은 '고객의 문제 파악'이다. 그러기 위해서 우리는 고객이 말할 수 있도록 환경을 조성해줘야 한다. 그들이 정보를 줘야 내가 도울 방법을 찾을 수 있기 때문이다. 여러 번 강조했듯이, 우리의 일은 '고객의 문제 해결'이다. 고객이 문제를 제시하지 않으면, 우리는 그들에게 필요 없는 존재가 된다.

고객에게 말할 환경을 조성해주면, 그들은 우리에게 수많은 데이터를 준다. 자신의 구매패턴을 모두 말해주는 것이다. 예를 들어, 다른 유사한 제품 경험이 있는지, 만족도는 어땠는지, 왜 사용을 멈췄는지 등 모든 정보를 알려준다. 그 외에도 구매한 제품에 만족할 경우, 주변 지인에게 잘 알리는 성격인지 아닌지, 소비에 대한 후회를 잘하는 편인지 아닌지 등 많은 것을 파악하게 된다. 무엇보다 고객이 현재 무엇을 놓쳐서 문제에 봉착했는지가 확실하게 보인다.

이처럼 영업인에게 고객의 데이터는 시간과 비용을 줄여주는 최고의 무기가 된다. 사람의 성향과 성격은 제각각 다르나 구매 패턴과 거절 패턴은 범주가 크지 않기 때문이다. 그리고 이것이야말로 고객들이 가장 선호하는 소통법이 아닐까 싶다.

그렇다면 대부분 영업 사원은 이렇게 소통하고 있을까? 나도 소비자로서 다양한 분야의 영업 사원들을 만난다. 그러나 그들 대부분은 자신의 제품이 시중 제품보다 얼마나 훌륭한지 장점을 나열하기 바쁘다. 고객에 대해 배우기보다는 고객을 가르치기에 바쁘다. 고객에 대해 궁금해하기보다는 판매하기에 급급하다.

그러나 장황한 설명에도 고객은 구매는커녕 거절할 방법만 모색한다. 그리고 고객이 구매하지 않는 경우는 대부분은 영업 사원이 엉뚱한 데만 관심을 뒀기 때문이다.

초코아이스크림이 아무리 맛있어도 초콜릿에 알레르기가 있는 고객이 있을 수 있다. 고객이 초코아이스크림을 먹고 싶을 수는 있으나 '알레르기'라는 근본 문제가 해결되지 않으면 먹을 수 없다. 즉, 고객의 근본 문제를 파악하지 않은 채 아무리 초코아이스크림을 권해도 고객은 구매하지 못한다.

그 외에도 고객이 "비싸다"라고 거절하면, 대부분 영업 사원은 "비싸지 않다"라는 것을 설득하기 위해 노력한다. 그들은 고객이 어떤 의도로 "비싸다"라고 말하는지 알려고 하지 않는다.

대부분 경우 고객의 "비싸다"는 많은 의미를 품고 있다. 제품력에 대한 신뢰가 없을 때, 고객의 재정 상태가 안 좋을 때, 살면서 한 번도 이런 가격의 제품을 산 경험이 없을 때, 또는 그냥 조금이라도 추가 혜택을 얻어내고 싶을 때 고객은 "비싸다"라고 말한다. 심지어 어떤 고객은 습관적으로 뭐든지 "비싸다"라고 말한다.

이렇게 다양한 이유가 있는데, 단순히 "비싸다"라는 말과 싸운들 고객을 설득할 수 있겠는가? 나의 수강생들은 이런 질문을 자주 한다.

"대표님은 외국인이면서 어떻게 한국 사람보다 한국말을 더 잘해요?"
"대표님의 클로징 비결은 뭔가요?"
"그 식지 않는 열정은 도대체 어디서 오나요?"

이런 질문에 대한 나의 답은 늘 같다.

"저는 사람에 대한 호기심이 있어요."

나는 상대가 나의 고객이든, 아니든 상대에 대한 궁금증이 많다. 그래서 누구를 만나든 질문하고 경청하고 리액션 한다. 그러면 그들이 봉착한 문제의 근본적 원인이 보인다. 나는 상대가 고객이든, 아니든 내가 도울 수 있다면 그들을 돕고 싶다.

이런 나의 정체성이 고객 클로징에 유리하게 작용하는 것은 맞다. 하지만 이것은 기질의 문제가 아니다. 누구나 배울 수 있는 기술이다. 게다가 한번 익히면 모든 분야에 적용 가능한 기술이다. 안 배울 이유가 있을까?

명심하자! 내가 원하는 모든 것은 내가 모르는 사람에게 있다. 그리고 우리는 '말'이라는 도구를 사용해 서로에게 유익한 관계로 빠르게 발전할 수 있다. 대화 속에 모든 정보가 있다.

16%, 333법칙을 기억하라

TM영업으로 억대 연봉 버는 비법

요즘 다시 주목받고 있는 책이 있다. 브렌든 버처드(Brendon Burchard)의 《백만장자 메신저》다. 메신저는 자기가 좋아하고 잘하는 분야에 대한 지식과 지혜를 나누는 사람을 말한다. 그러나 강사나 교수와는 다른 성격을 갖고 있다.

메신저들은 오랜 기간 어려움 끝에 어떤 일을 해낸 경험이 있다. 또는 어떤 것을 이해하느라 오랜 시간을 보낸 끝에 깨달음에 도달한 경험이 있다. 이렇게 얻어진 경험과 깨달음을 기반으로 그들은 같은 일을 겪는 누군가에게 그들이 얻은 지식과 지혜를 제공한다. 그래서 메신저들은 누군가의 시간과 비용을 줄여주기 위해 그들을 돕는다.

내가 이 책을 쓰게 된 것도 책 쓰기 메신저인 김태광 대표님을 만났기 때문이다. 그는 현재 한책협(한국책쓰기강사양성협회)

의 대표로, 자타 공인 대한민국 1등 책 쓰기 코치다. 그러나 그에게도 아픈 과거가 있다.

그는 7년간 출판사로부터 500번의 거절을 당한 후에야 그의 이름으로 된 책 한 권을 낼 수 있었다. 7년이라는 시간 동안 아무런 성과 없이 버티는 것은 결코 쉬운 일이 아니다. 하지만 그에게는 꼭 작가가 되겠다는 꿈이 있었고, 절대 포기하지 않았다. 결국 그는 250권의 저서를 집필했다.

그리고 이 과정에서 책을 쉽고 빠르게 쓰는 자기만의 비법을 찾아냈다. 그래서 자신처럼 책을 쓰고자 하는 사람들을 돕는 일을 시작했다. 그렇게 그는 11년간 한길을 걸으며 1,100명이 넘는 작가를 배출해냈다.

나 역시 TM영업 기술을 알려주는 메신저 사업을 하고 있다. 그리고 이것의 출발은 영업에 관한 나의 답답함이었다. 그 당시 내가 흔한 외국인 노동자의 신분으로 살지 않을 유일한 길은 영업뿐이었다. 그래서 안갯속을 걷듯이 헤매면서도 나는 절대 포기할 수 없었다. 내가 포기하면 어떤 삶을 살게 될지 훤히 보였기 때문이다. 너무나 간절했던 나는 찾고 또 찾았다. 그렇게 많은 돈과 시간을 투자한 끝에 내가 현재 수강생들에게 가르치는 모든 것을 얻을 수 있었다.

나는 수많은 마케팅 수단 중 가장 빠르고 효과적으로 영업을 배울 방법은 '콜드콜'이라고 믿는다. 나 또한 이 방법으로 성공했고, 나의 수강생도 내가 갔던 그 성공의 길을 가고 있다. 그들의 성공 사례와 변화과정을 나의 인스타그램과 유튜브 채널에 올려놓았으니 확인해볼 수 있다.

이 장에서는 내가 따르는 기본적인 브리핑 원칙 중 하나를 공유해보려고 한다.

판매의 기술은 영업뿐 아니라 모든 영역에서 필요하다. 그러나 판매가 편한 사람은 없다. 게다가 초보라면 그 두려움은 더 크다. 안 해본 일이기 때문이다. 그러나 안 해본 일도 한 번, 두 번 경험하다 보면 익숙해지고 그러면 두려움도 줄어든다. 이렇게 익숙해지기까지 우리에게 필요한 것은 인내다. 처음부터 급하게 모든 것을 알려고 애를 쓰는 것보다는 할 수 있는 것부터 하나씩 익혀가는 데 집중해보자.

판매에서 가장 중요한 것 중 하나는 '고객 전환율'이다. 고객 전환율은 '웹 사이트, 앱 또는 디지털 플랫폼의 트래픽'이 매출로 얼마나 잘 연결되는지를 알려주는 수치다.

예를 들어 온라인에서 물건을 판매하는 사람은 광고를 통해 잠재고객에게 자신의 상품을 홍보한다. 그중 상품에 관심 있는 잠재고객이 자세한 정보를 얻기 위해 링크를 타고 사이트로 들어온다. 그중 다시 일부는 구매를 결정하고 카드 정보를 입력한다. 이런 경우 노출된 광고를 본 사람 중 몇 명이 상품을 구매했는지 계산하면 고객 전환율이 나온다.

나 같은 경우 직접 전화로 상담하고 브리핑을 진행한다. 그래서 내가 전환율을 계산하는 방식은 간단하다. 나는 인터넷에서 잠재고객들의 이름과 전화번호를 검색 후 1명씩 콜드콜을 진행한다. 이렇게 내가 6명의 고객과 접촉해 브리핑 할 경우 1명의 고객이 나의 상품을 구매한다. 그러면 나의 전환율은 16%다.

누군가는 이런 전환율 계산이 왜 중요하냐고 물을 것이다. 이것은 주먹구구식이 아닌, 체계적인 방법으로 판매기술을 습득하기 위한 첫 단계이기 때문에 중요하다. 당신은 누군가와 통화할 때 그 한 통의 가치를 알고 하는가? 아니면 그냥 콜 수를 채우기 위해 다이얼을 누를 뿐인가?

전환율은 내가 맹목적으로 전화하는 행위를 막을 수 있다. 물론 양을 채우면 질은 나온다. 하지만 양만 채운다고 질이 나오는 것은 아니다.

내가 앞서 말했듯이 나의 전환율은 16%다. 그것을 돈으로 환산해보자. 내가 6명의 고객에게 100만 원짜리 상품을 브리핑했고, 그중 1명이 내 상품을 구매했다. 이런 경우 내가 6콜 후에 벌어들인 돈은 100만 원이다.

그렇다면 1콜당 벌어들인 돈은 얼마인가? 16만 원이다. 누군가는 내가 5명의 고객에게 아무것도 팔지 못했다고 생각할 것이다. 그러나 나는 5명의 고객 모두에게 16만 원 짜리 상품을 판매한 것과 같다. 이렇게 16만 원 짜리 상품을 6명에게 판매해 100만 원을 벌어들인 것이다. 이게 무슨 말인지 잘 이해가 안 간다면, 앞으로 가서 다시 읽어보길 바란다.

16%의 전환율은 내가 1콜당 16만 원을 버는 사람이라는 의미다. 만약 내가 1콜당 벌어들이는 액수를 높이고 싶다면, 나는 좀 더 체계적인 판매기술을 익혀야 할 것이다. 이처럼 나의 전환율을 알면 내가 어디에 좀 더 신경을 써야 할지가 보인다. 즉, 주먹구구식이 아닌 체계적인 방식으로 판매기술을 높일 수 있는 것이다.

이제 판매기술의 과정을 '333 법칙'으로 알아보자. 원하는 결과를 얻는 성공적 브리핑을 위해서는 각 과정에 30%씩 고루 분배해야 한다.

첫 번째는 30% 현실점검이다. 우리가 만나는 고객 모두는 해결하고 싶은 문제가 있다. 그러나 문제는 그들이 자신의 문제를 인지하지 못하는 경우가 대부분이라는 것이다. 이런 경우 우리는 현실점검으로 그들의 문제를 인지시켜야 한다.

예를 들어, 영업인은 단기간에 많은 잠재고객과 접촉해야 한다. 하지만 시중에는 독보적이고 효과적인 홍보방식이 없다. 이런 상황에서 누구나 하는 뻔한 방식은 뻔한 결과를 얻을 수밖에 없다. 나는 고객(영업인들)에게 남들이 하지 않는 방식을 찾지 못하면 결국 한계에 부딪힐 수밖에 없다는 것을 알려준다.

두 번째는 30% 해결책이다. 고객이 현실을 직시하도록 아무리 잘 알려줘도 대안을 제시하지 않는다면, 고객은 결국 아무것도 할 수 없다. 그래서 이 단계에서 고객(영업인)이 어떤 방식으로 자신을 홍보하고, 비용 대비 수익을 높일 것인지 체계적으로 대안을 제시해야 한다. 내가 제시하는 대안으로 성공한 사례들을 보여주는 것도 중요하다. 그런 후 어떤 상품을 구매해야 할지 가격을 안내하면 된다. 어떤 사람은 모든 정보를 실컷 이야기해 놓고 정작 상품가격에 대해 말하는 것을 어려워한다. 우리는 정보 전달자가 아닌 '판매원'이라는 것을 잊지 말자.

마지막 30%는 클로징이다. 고객들은 언제나 거절이 준비된 사람들이다. 그들의 거절에 당황한다면 당신은 아직 배울 게 많다는 의미다. 그들은 이런 말을 입에 달고 산다.

"좋은 정보네요. 생각해보고 다시 연락드리겠습니다."
"가격이 조금 부담되네요."
"아내와 한번 상의해보겠습니다."

그리고 이런 거절의 진짜 원인을 파악하는 과정이 바로 클로징이다. 클로징 단계에서 좋은 결과를 얻기 위해 현실점검 30%, 대안 제시 30%에서 고객의 마음을 얻는 것이 무엇보다 중요하다. 그러나 앞에서 아무리 좋은 점수를 따도 마지막 클로징에서 나쁜 점수를 받으면, 브리핑은 실패로 끝날 가능성이 크다.

'333 법칙'을 잘 활용하기 위한 팁 하나가 있다. 핵심 키워드를 적어두고 반복적으로 연습하는 것이다. 물론 한두 번 노력으로 갑자기 원활한 소통 능력을 얻는 것은 아니다. 그래서 우리에게 필요한 것이 '인내심'이다. 급하게 모든 것을 알려고 애를 쓰는 것보다는 할 수 있는 것부터 하나씩 익혀가는 데 집중해보자.

영업에는 과정도 중요하지만, 무엇보다 결과가 없으면 안 된다. 그래서 영업에 뛰어든 초보일수록 자신의 전환율을 잘 파악해볼 필요가 있다. 전환율 개념만 이해해도 브리핑 과정에서 고칠 부분들을 보완할 수 있을 것이다.

결과를 내는 데 있어 때로는 운도 필요하다. 그러나 영업은 절대 운에 의존하면 안 된다. 운에 속아 넘어가 진짜 실력이라고 착각하는 순간, 곧바로 재앙이 오기 때문이다.

영업은 어려운 것이 아니다. 내가 모를 뿐이다. 원칙만 깨닫고 반복적으로 적용하면, 누구나 배울 수 있는 기술이 영업이다. 한국에서 나 같은 외국인도 해냈다면 말 다 한 것 아닌가?

나는 한국말이 서툴렀기에 '333 법칙'을 더 열심히 연습했던 것은 맞다. 그 과정에서 한국말까지 잘하게 되었다. 하지만 보이스 피싱으로 오해받은 기간이 정말 길었다. 그러나 이런 어려움에도 불구하고 나는 포기하지 않았다. 그래서 콜드콜 영업을 가르치는 메신저까지 될 수 있었다.

누구나 이런 체계적인 과정과 반복적인 훈련을 통해 충분히 판매의 기술을 익힐 수 있다는 것을 믿어주길 바란다. 그리고 더 나아가 당신도 이 기술을 꼭 익히길 바란다.

TM에도
균형이 필요하다

TM영업으로
억대 연봉
버는 비법

한국만 아는 사람이 한국에 대해 무엇을 알까? 만약 당신이 한 번도 한국에서 벗어난 적이 없다면, 당신이 판단하는 모든 기준은 한국에서의 경험일 것이다. 그러면 한국에서 누리는 모든 것들을 당연히 여긴다. 그러나 당신이 한국을 벗어나 다양한 경험을 하고 돌아오면, 그동안 당연히 여기던 것들이 당연하지 않다는 것을 알게 될 것이다.

예를 들어 유럽 여행을 다녀오면, 한국의 공공 화장실 서비스가 얼마나 훌륭한지 느낄 것이다. 한국 화장실은 사용료도 없고, 심지어 화장지도 공짜로 주어진다. 하지만 유럽에는 그렇지 않은 나라도 있다.

이와 마찬가지로 한 분야에서만 오래 머문 사람들은 보통 고착된 사고를 하는 경향이 있다. 이런 고착된 사고의 문제점은 새로운 기회와 정보를 받아들이지 못한다는 것이다. 그래서 결국 고인 물이 되고, 고인 물은 썩고 만다.

나는 영업에 대해 자신이 베테랑이라고 하는 사람을 의심의 눈으로 볼 때가 있다. 왜냐하면 그들은 영업의 베테랑이기보다 자신이 판매하는 상품 영업에 베테랑인 경우가 대부분이기 때문이다.
예를 들어 보험 판매 베테랑이 분야를 옮겨 자동차 판매도 여전히 잘한다면, 그는 영업의 베테랑이 맞다. 하지만 대부분 영업인은 자신이 판매하는 분야에만 집중할 뿐 '영업'이라는 통합적 의미를 배우려 하지 않는다. 반면 영업에서 최고봉에 도달한 사람은 한 분야만 파고들지 않는다. 심지어 어떤 이들은 '영업'의 영역을 뛰어넘어 '경제, 경영, 인문'의 영역까지 눈을 넓힌다. 그래서 그들은 분야가 바뀌어도 좋은 실적을 거둔다.

모든 영업의 시작은 미약하지만, 확장해나갈 수 있는 영역은 한도 끝도 없다. 밑바닥에 있던 사람이 영업을 통해 중산층 또는 그 이상 갈 수 있는 이유가 '확장 가능성' 때문이다. 그리고 이런 확장을 위해서는 '관점의 추가'가 절대적으로 필요하다. 고착된 사고로는 절대 확장이 불가능하기 때문이다.
이런 확장의 가능성을 아주 잘 보여준 한 사람이 있다. 자동차 판매원에서 시작해 지금은 8조 자산가가 된 《10배의 법칙》 저자 그랜트 카돈이다. 2014년부터 그의 교육을 꾸준히 들은 나는 그가 어떻게 확장해가는지 그 모든 과정을 지켜봤다. 내가 영업에 큰 매력을 느낀 것도 이런 확장성 때문이었다.

그래서 나는 PCM 교육과정에 '관점을 넓히는 독서 프로그램'을 추가했다. 피독(피씨엠 독서 프로그램) 시간에 우리는 얼핏 보기에 '영업'과 전혀 상관이 없어 보이는 책들을 주로 읽는다. '주식, 부동산, 뇌과학, 심리학, 역사, 문학, 정치, 마케팅, 자기계발' 등의 다양한 책으로 세상의 흐름을 읽고, 사람을 읽는 것이다.

수강생 대부분이 태어나 처음 읽어보는 책들이라며 초반에는 많이 당황한다. 그러나 곧 자신들의 사고가 확장되는 것을 경험하며 독서를 즐기게 된다. PCM 수강생들이 자주 하는 리뷰가 "콜드콜을 배우러 왔다가 인생이 바뀌었다"인 이유도 관점의 확장 때문이다.

누군가는 생각할 것이다. '나는 영업의 확장 가능성 따위는 관심이 없어. 돈이나 많이 벌고 싶다고.' 이렇게 많은 사람은 돈을 벌 궁리만 한다. 그래서 누군가 "~해서 큰돈을 벌었어요"라고 말하면 큰 고민 없이 그 길을 따라간다. 그리고 그들이 했던 모든 것을 따라 한다. 그러나 결과는 너무 다르다. 본인이 선택했기에 누구를 원망할 수도 없다. 이런 사람들의 특징은 문제의 원인과 해결책을 밖에서 찾는다는 것이다.

성공자들이 성공의 결과를 낼 수 있었던 것은 '지식'을 넘어선 '지혜'의 영역이 대부분이다. 지혜의 출발점은 지식이지만, 그 지식이 올바른 경험을 거친 후에 지혜가 된다. 그러나 대부분 사람은 지식을 얻는 데 모든 돈과 시간을 쏟아붓는다.

게다가 성공자의 지식이 들어와도 그 지식을 현실 세계에 반영하는 '경험'의 과정에 많은 것이 변질된다. 결국 그들은 성공자가 가진 똑같은 '지혜'를 가질 수 없고, 그래서 결과가 다른 것이다.

하지만 관점이 넓은 사람은 이것을 이미 알고 있기에 엉뚱한 곳에 돈과 시간을 낭비하지 않는다. 당신은 돈을 벌어야 돈을 번다고 생각하겠지만, 그렇지 않다. 돈을 잃지 않는 것 또한 돈을 버는 것이다. 반대로 당신이 많은 돈을 번다고 해도 계속 잃는다면 제자리에서 벗어날 수 없다.

문제의 원인과 해결책 모두 자신 안에 있다는 것을 아는 사람은 자신의 수준 파악부터 한다. 그 과정에서 '지상'이라 생각했던 자기 수준이 '지하 10층'이라는 것을 알게 된다. 현실을 마주하는 것은 뼈아픈 일이다. 그러나 원인을 찾았기에 해결책만 찾으면 된다.

이처럼 관점의 확장은 우리가 돈과 시간을 잃는 것을 막아준다. 즉 우리가 돈을 벌도록 해준다. 또한 '영업'을 하면서 겪는 일들에 대해 일희일비하지 않게 해줘서 에너지를 절약해준다. 모든 일이 그렇듯 영업의 핵심도 '시간 효율성'이다. 그래서 엉뚱한 일에 시간을 낭비해서는 안 된다. 특히 영업은 단기간에 기술을 익혀 돈을 버는 구조가 아니기에 효율적 시간 관리가 더욱 중요하다.

TM영업 같은 경우 거절의 양이 워낙 많기에 영업 중에서도 고강도 훈련에 속한다. 초반에 열정을 다하는 모습을 보여주다가 조용히 사라지는 사람들이 많은 이유도 여기에 있다. 거절의 두려움을 극복하는 데는 상당한 에너지가 필요하다. 그래서 이런 고강도의 훈련을 처음부터 오래 할 필요는 없다.

초보이거나 기술이 없을수록 무조건 많은 시간을 투자해서 결과를 내려고 한다. 그러나 나는 반대로 생각한다. 나는 수강생들에게 게으르게 일하라고 늘 말한다. 하루에 2시간 정도만 콜드콜을 하고, 나머지 시간에는 책을 읽거나 고객 후속 관리를 하면서 시간을 보내라고 한다.

누군가는 2시간 해서 무슨 결과가 있느냐고 생각할 수 있다. 하지만 콜드콜을 '고강도 훈련'답게 한 사람은 6시간 전화기에 매달려야 얻을 수 있는 결과를 이미 얻는다. 게다가 2시간의 훈련에서 얻은 심리가 나머지 22시간에 충분히 영향을 준다. 그들은 자신이 이룬 결과에 만족하며, 승자의 심리로 하루를 보내게 된다. 이런 하루는 그다음 날로 연결되며 선순환된다. 바로 이런 것이 과학적인 훈련 시스템이 아닌가? 실제로 이런 훈련 덕분에, 나는 일주일에 6시간만 일하고도 억대 연봉자가 되었다.

반면 2시간 동안 설렁설렁 스크립트만 읽어댔다면, 그것은 '고강도 훈련'이라 할 수 없다. 그러니 실적도, 심리도 다를 수밖에 없다. 이런 사람은 자신이 시간을 때웠다는 것을 알기에 편한 마음으로 하루를 보낼 수 없다. 그래서 시간이라도 채우려는 마음으로 다시 전화기를 집어 든다.

우리는 무조건 열심히 해야 성공한다는 사회적 관념에 사로잡혀 산 세월이 길다. 그래서 그 관념을 깨기란 쉽지 않다. 하지만 당신이 억대 연봉자가 되고자 한다면 남들보다 짧은 시간에 고강도 훈련을 해서 독보적인 기술력을 얻고 몸값을 올려야 한다.

당신이 콜드콜을 고강도 훈련이라 인식했다면, 그다음 집중할 것은 '타깃 고객'이다. 콜드콜은 무조건 하는 것이 아니라 타깃 고객층이 어떤 사람인지 확실히 정해야 한다. 어떤 고객을 섬기냐에 따라 몸값도 달라지기 때문이다. 일반 주부, 직장인을 상대로 보험 영업을 하는 사람과 중소기업 대표, 스포츠선수, 연예인, 또는 유명 유튜버를 상대로 보험 영업을 하는 사람은 다를 수밖에 없다. 그래서 영업인이라면 '꿈의 고객 리스트'를 작성해야 한다.

우리는 상상하지 않는 것을 현실 세계로 꺼낼 수 없다. 그러나 상상하는 순간, 현실과의 간극을 채우기 위해 움직인다. 꿈의 고객을 현실의 고객으로 만들기 위해 자신이 어떤 사람으로 바뀌어야 할지 생각하기 시작한다는 것이다. 이렇듯 영업의 한계는 내가 상상하는 만큼 무한히 펼쳐 나갈 수 있다.

꿈의 고객을 만나기 전까지 우리는 수많은 고객을 스쳐야 한다. 그들을 '넥스트 고객 리스트'라 부른다. 우리가 이런 넥스트 고객을 섬길 때 한 가지 주의할 점이 있다. 한 고객을 꾸준히 잘 섬길 필요는 있지만, 한 고객에게 집착해서는 안 된다는 것이다. 나의 판매 기술과 상관없이 유난히 에너지 파장이 맞지 않는 고객은 과감히 넘길 필요가 있다.

앞서 강조했듯 돈을 버는 방법 중 하나는 돈을 잃지 않는 것이고, 시간을 버는 방법 중 하나는 시간을 잃지 않는 것이다. 그래서 한 고객에게 집착해 너무 많은 시간을 허비하지 않도록 주의해야 한다. 나를 기다리는 넥스트 고객이 있음을 꼭 기억하자.

지금까지 우리는 한 분야에서만 머무는 전문가가 되지 않기 위해 관점을 추가해야 한다는 것, 영업의 고강도 훈련을 통해 시간을 효과적으로 활용해야 한다는 것, 그리고 올바른 타깃 고객을 정해 자신의 몸값을 올려야 한다는 것을 알아봤다.

영업은 단순히 돈을 버는 직업을 넘어 정말 매력적인 일이다. 그중 콜드콜은 영업의 꽃이라 할 수 있다. 이 예술적인 일을 멋지게 해내기 위해 우리에게는 균형이 필요하다. 나는 적어도 그렇게 믿고 있고, 이 믿음으로 많은 사람을 변화시켰다.

당신도 나와 같은 믿음으로 '영업의 확장성'을 경험하고 싶다면, 언제든 이 책의 표지 프로필에 있는 연락처로 연락하라. 나는 기꺼이 당신의 시간과 비용을 절약해줄 것이다.

((07))

TM영업으로 억대 연봉 버는 비법

최악의 상황에도
절대 잃지 말아야 할 것

'최고의 영업인'이라는 말을 들으면 무엇이 떠오르는가? '잘 파는 사람'이라는 단어가 떠오를 것이다. 그런데 '판매 능력'은 영업 분야에만 국한되지 않는다.

내 아내는 영어학원장이다. 그녀는 '그녀가 20년간 쌓아 온 영어 노하우'를 판매한다. 나는 PCM 경제경영 연구소 대표다. 나는 '내가 12년간 집착해서 얻은 경제, 경영, 인문, 세일즈, 콜드콜 노하우'를 판매한다. 이처럼 모든 사람은 무형 또는 유형의 무언가를 판매한다. 그래서 무엇을 파는지와 상관없이 잘 파는 사람은 모든 면에서 유리하다.

제품을 잘 파는 사람의 특징 중 하나는 '제품만 팔지 않는다'라는 것이다. 그들은 그들 자신을 판다. 심지어 고객이 그들을 '제품 판매원'으로 인식하지 않도록 한다. 이것이 가능한 이유는 '강한 자기애' 때문이다. 그들은 자신의 신념을 전달하는 데 있어서 망설임이 없다. 그리고 이런 확신은 확신 없는 고객을 이끌게 되어 있다.

그렇다면 타고나길 자기애가 약한 사람은 최고의 영업 사원이 될 수 없는 것일까? 다행히 그렇지 않다. 자기애는 자존감과 함께 키워낼 수 있는 영역이기 때문이다. 물론 수십 년 동안 자기에 대한 믿음과 사랑이 없던 사람이 하루아침에 바뀌기란 쉽지 않다. 그래서 꾸준한 훈련이 필요하다. 내가 교육 프로그램에 '1분 피치'를 만든 이유이기도 하다.

나는 수강생들이 1분간 자신의 장점을 최대한 뽑아내서 표현할 수 있도록 훈련 시킨다. 이것은 한국 정서상 조금 부끄럽고 어색할 수도 있다. 실제로 많은 수강생이 이 시간에 무슨 말을 해야 할지 몰라 헤맨다. 하지만 자신의 장점을 자랑하지 않으면 누구도 모른다. 그리고 자신의 장점을 모르니 제품의 장점만 내세우게 된다. 즉 자신의 과거에서 스스로 잘했던 것을 끌어내지 못하면 자기의 색을 찾지 못한다. 자기만의 색이 없는 사람은 뻔하고 매력이 없다. 그리고 자신감도 없다.

세상 모든 일이 그렇듯 영업에도 오르막과 내리막은 존재한다. 잘되는 시기에는 온 세상을 얻은 것 같지만, 그렇지 않을 때는 땅굴로 들어가고 싶은 심정이다. 여기서 중요한 것은 대부분 사람이 잘될 방법을 모색하는 데만 집중한다는 것이다. 그들은 안 될 시기에 어떻게 버틸지는 고민하지 않는다.

그런데 사람들이 나가떨어지는 시기는 '잘될 때'가 아니다. 우리는 '안 될 때' 나가떨어지고, 나가떨어지면 거기서 끝이다. 그래서 우리가 강세를 보여야 할 때는 '안 될 때'다. 이런 '안 될 때' 나가떨어지는 것을 막아 줄 최고의 방법은 '평소 자신을 잘 드러내고, 장점을 자랑하는 습관'을 정착하는 것이다.

나는 고등학교 때부터 장거리 달리기를 잘했다. 전문 선수부 친구들을 제치고, 늘 손에 꼽히는 결과를 낼 정도였다. 그렇다고 내가 평소에 달리기 연습 훈련을 한 것도 아니다. 여기까지 들으면, 다들 나의 '타고난 능력'으로 볼 것이다. 그러나 타고났다면 초등학교, 중학교 때부터 장거리를 잘했어야 한다. 하지만 나의 장거리 실력은 고등학교 때 드러났다. 그리고 거기에는 지금껏 아무에게도 말하지 않았던 나만의 방법이 있었다.

처음 장거리 달리기를 했을 때는 '과연 내가 뛸 수 있을까?'라는 생각뿐이었다. 총소리와 함께 출발한 나는 최대한 상위권 선수부 무리에서 벗어나지 않게 달렸다. 중간 지점까지 가니 숨을 쉬는 것조차 갑갑해 그냥 멈춰버리고 싶었다. 그때 내가 발견한 것은 내 주변에 함께 뛰던 사람이 보이지 않는다는 것이었다. 그들이 내 뒤에서 뛰고 있다는 사실은 나를 계속 뛰도록 만들었다. 이대로라면 상위권에 진입할 수 있다고 생각했기 때문이다.

마지막으로 갈수록 나는 감각이 없어졌다. 내가 땅 위에서 달리는지, 공중에서 날고 있는지 모를 정도였다. 하지만 내가 평소 우러러보던 선수들이 여전히 내 뒤에서 달리고 있다는 사실이 놀라웠다. 나는 많은 선수를 앞지른 상태에서 여전히 뛰고 있고, 그들과의 거리는 점점 멀어졌다. 이 사실을 알고 있는 나는 멈출 수 없었다.

결승점에 다다를 때쯤 나의 숨소리는 못 들어줄 정도로 거칠었다. 너무 숨이 막혀 죽는 게 아닌가 싶을 정도였다. 그러나 나는 속도를 좀처럼 늦추고 싶지 않았다. 그렇게 첫 장거리 달리기에서 나는 전교 3등이라는 결과를 만들어냈다. 그 이후에도 꾸준히 상위권에 속했다. 그리고 이 경험은 내 삶 전체를 바꿔 놓았다. 나는 이 경험으로 중요한 3가지를 배웠다.

첫째, 잘하는 선수들 무리에서 뛰고, 도태되지 않게 최선을 다한다.

둘째, 선수 출신이라 해도 사람에 불과하다.

셋째, 중간에 멈추지만 않으면 된다.

이 3가지 배움은 나의 삶 곳곳에 적용되었다. 중국 촌놈이 이렇게 책을 쓰게 된 것도 앞에서 배운 3가지 배움 덕분이다. 게다가 이런 작은 성공 경험은 나를 바라보는 시선을 많이 바꿔줬다. 가끔 내가 형편없게 느껴질 때면 나는 그 시절을 떠올리며 스스로 칭찬하곤 했다. 운동장을 뛰고 있는 나를 상상하며 응원의 메시지를 전하기도 했다.

내가 지금 좀 덜 멋있다고 해도 내가 과거에 한 일은 사라지지 않는다. 난 그것을 해낸 멋진 사람이다. 그리고 그것을 잊어서는 안 된다. 이렇게 나의 경험을 토대로 한 자기 칭찬은 내가 끝까지 버티게 해줬다. 특히 한국을 떠나야 할지 깊게 고민했던 그 시기를 넘기게 해줬다. 만약 내가 그 시기를 버티지 못했다면, 이 책은 세상에 나오지 못했을 것이다. 그리고 나를 만나 삶이 바뀐 수강생들의 삶도 그대로일 것이다. 생각만 해도 참으로 끔찍하다.

우리는 뭔가를 시도하는 과정에 속도를 줄이거나, 쉬고 싶은 생각이 든다. 때로는 모든 것을 그만두고 싶을 때도 있다. 나 또한 모국어가 아닌, 한국어로 영업하면서 많은 시련과 어려움을 겪었다. 경제적으로 어려운 것도 있었지만, 사람으로 인한 배신감 때문에 참 많이 힘든 때도 있었다. 아무리 노력해도 제자리를 빙빙 도는 느낌으로 얼마나 더 버틸 수 있을지 막막했다. 하지만 뒤돌아보면, 그 모든 것은 내가 경험하고 꼭 넘어야 할 장애물에 불과했다.

마지막으로, 존경하는 김태광 대표님께서 내게 해주신 말로 마무리하고 싶다.

"배는 항구에 머물면 쓸모없는 배가 됩니다. 쓸모 있는 배는 모두 바다를 향해 나갑니다. 때로는 거친 파도와 암초도 만나고, 배가 파손되기도 합니다. 그럴 때는 다시 항구로 돌아와서 고치면 됩니다. 파손될 것이 무서워 바다로 나가지 않는다면 그것은 배가 아니죠. 어리석은 사람은 파손될 것을 겁내지만, 현명한 사람은 어떻게 배를 빨리 고칠지 고민합니다. 우리는 한 척의 배와 같습니다. 배로서 쓸모 있게 쓰여야 하지 않을까요?"

4장

한 번에 훅 꽂히는
촌철살인 TM기술

TM영업으로
억대 연봉
버는 비법

 TM영업으로 억대 연봉 버는 비법

클로징 효과
10배 높이는 비법

"대표님 혹시 앞으로 개미 멘토가 될 생각은 없으신가요?"

"아니요, 저는 개미 멘토보다는 베짱이 멘토 할래요."

"아, 그렇군요. 베짱이 멘토라, 그것도 아주 좋은 생각이시네요!"

어느 날 나는 수백억대 자산가이자 출판사 대표인 한 분을 만났다. 그녀의 교육 사업에 대한 비전은 남달랐고, 그녀는 멋진 메신저였다. 그날 그녀와의 대화 속에서 가장 인상 깊었던 '베짱이 멘토'라는 단어 중 '베짱이'와 흡사한 '배짱'에 대해 이야기해보겠다.

누군가 내게 12년 전으로 돌아가서 다시 '클로징 기술'을 익히기 위해 무엇부터 할 거냐고 묻는다면, 나는 두말할 것 없이 배 짱을 키우는 데 모든 노력을 기울일 거라 답할 것이다.

공룡기업이라 불리는 '아마존, 테슬라, 애플' 모두 상당한 베 팅을 해서 얻은 결과라 볼 수 있다. 물론 성공 요소에 더 세부적 인 무엇인가 필요하겠지만, 핵심 역할을 했던 요소는 '배짱'이라 고 생각한다. 이것을 누군가는 '용기'라고 표현할 수도 있고, '리 더십'이라고 표현할 수도 있다. 하지만 이런 성공 사례들을 작게 우리 일상에 비춰보면 결국 '배짱'이라는 키워드가 가장 적합하 다고 볼 수 있다.

사람들은 누군가 성공했다고 하면 와르르 몰려드는 경향이 있다. 그들은 알라딘이 요술 램프의 지니에게 부탁해 원하는 것 을 얻는 것처럼 성공 비법에 대한 모든 답을 당장 얻을 수 있기 를 기대한다.

이런 사람들의 마음을 읽은 듯 세상에는 성공 공식을 다룬 수 많은 책이 있다. 그리고 누군가는 그 공식을 도입해 실제로 성 공을 이루기도 한다. 하지만 모두에게 일괄적으로 적용 가능한 성공 비법 같은 게 정말 존재하기는 할까?

나는 성공적인 클로징 기법에 대해 특별한 뭔가가 있는 것처 럼 포장하거나 홍보하고 싶은 생각은 없다. 단 몇 번의 강의로 클로징 성공 비법을 마스터 할 수 있는 법칙 같은 것은 없다고 생각하기 때문이다.

다만 많은 사람이 나를 찾아와서 좋은 결과를 얻게 된 이유가 있다면 다음 2가지 원칙을 지키도록 만들었기 때문일 것이다.

첫째, 판매 클로징은 배짱으로 한다.
둘째, 고객과 접촉하는 양을 무조건 늘린다.

배짱으로 영업을 한다는 말은 막연하게 들릴 수도 있다. 하지만 그 의미를 조금만 깊이 들여다보면 타당성이 있다. 예를 들어서 많은 고객이 거절의 사유로 드는 "돈이 없다"에 대해 생각해보자.

이때 보통의 영업 사원은 "돈이 없다"라는 고객의 말을 믿고 거기서 영업을 중단한다. 또는 고객을 설득하기 위해 상품의 우월성을 계속 설명한다. 그런 영업 사원의 추가 설명은 고객에게 그저 소음에 불과하다. 그래서 고객과 영업 사원 모두 아무런 이익도 얻지 못한 채 거래가 종료된다.

하지만 배짱을 가진 영업 사원은 다소 거칠어 보이더라도 처음부터 깊숙이 파고드는 질문을 한다. 그들은 간단히 제품 설명을 마친 후 고객에게 질문한다.

"제품의 설명은 충분했나요?"

"제품을 구매하기 위한 돈은 충분한가요?"

고객과 영업 사원 모두에게 돈은 민감한 주제이기에 말하기를 꺼린다. 그러나 확실한 정보를 알아야 고객을 제대로 도와줄 수 있기 때문에 고객이 솔직한 답을 할 때까지 질문을 던지는 배짱도 필요하다. 이 제품이 고객의 문제를 해결해줄 확신이 있더라도 고객이 결제하지 않으면 아무 소용이 없다.

대부분 영업 사원은 깊숙이 파고드는 질문을 하지 못한다. 그 이유는 단 하나다. 고객의 문제 해결이 아닌, 자신의 주머니를 먼저 생각하기 때문이다. 갑의 심리가 아닌 을의 심리를 가질 수밖에 없는 이유이기도 하다. 을의 심리는 결국 들킬 수밖에 없다. 내가 우리 수강생들의 마인드를 바꾸는 데 많은 에너지를 쏟는 이유기도 하다. 승자의 심리 없이는 배짱 있는 질문도 할 수 없고, 갑의 심리로 클로징을 할 수도 없다.

이런 사실을 깨닫기 전까지는 나도 클로징에 관한 이론적인 저서들과 동영상 자료를 많이 찾아봤다. 하지만 대부분 경우 이런 이론은 현장에서 제대로 적용되지 않는다. 그뿐만 아니라 이론 적용에만 집중한 나머지 클로징의 본질까지 놓치게 된다.

배짱을 가지고 영업에 임하면 단시간에 가속도가 붙어 빠르게 매출을 일으킬 수 있다. 하지만 클로징 효과를 높이는 데 있어서 배짱 하나만으로 충분하지는 않다. 배짱으로 얻은 좋은 결과 한두 번으로 영업의 성과를 검증하기란 턱없이 부족하기 때문이다. 그래서 내가 가장 강조하는 또 다른 원칙은 단기간에 최대한 많은 잠재고객과 접촉하는 것이다. 내가 콜드콜을 사랑하는 이유이기도 하다.

　내가 처음 TM영업을 시작했을 때 브리핑 기회를 얻기 위해 하루에 수십 번의 거절을 당해야 했다. 누군가의 거절이 즐거운 사람은 없을 것이다. 나 또한 고객의 차가운 목소리가 반갑지는 않았다. 하지만 그 차가운 목소리는 클로징 기술을 높이는 데 필수라고 생각한다. 내가 그들 모두로부터 브리핑 기회를 얻지는 못했으나 그들은 내게 늘 훌륭한 연습 상대였다. 수많은 거절 속에서 나는 다양한 심리를 경험하며 매일 성장할 수 있었기 때문이다.

　게다가 나처럼 자본도 없고 인맥도 없이 완전 밑바닥부터 시작하는 사람에게 콜드콜은 가성비가 최고라고 확신한다. 잠재고객을 발굴하기 위해 내가 오프라인에서 고객과 접촉한다면 반드시 비용이 발생한다. 하지만 TM영업의 특징상 전화 한 대면 충분하다. 무제한 요금제 하나로 대한민국 어디에서든 나의 상품이 필요한 사람에게 접근할 수 있다. 비용 걱정이 없기에 나는 고객과 접촉하는 양을 마음껏 늘릴 수 있다. 그리고 나의 활동량에 비례해서 클로징 능력은 자연스럽게 향상될 수밖에 없다.

클로징 확률을 높이는 방법에 대한 수많은 정보가 인터넷에 떠돌아다닌다. 하지만 당신이 기술에 대한 지식을 쌓는 데 대부분 시간을 보낸다면 이렇다 할 결과를 얻지 못할 것이다. 이는 우리가 영화 100편을 본다고 영화를 제작하는 감독이 될 수 없는 것과 같다. 영업의 기술을 익히기 위해 많은 자료를 찾아 연구한다고 영업의 마스터가 되는 것은 아니다.

우리에게 필요한 것은 클로징을 경험할 수 있는 활동량을 늘리는 것이다. 양을 늘리면 질은 따라온다. 그래서 반복적인 훈련은 무엇보다 중요하다. 내가 수강생들과 롤 플레이에 반드시 1시간을 투자하는 이유이기도 하다.

이런 원칙은 모든 분야에 적용된다. 한국 축구 국가대표 손흥민 선수도 지루한 반복 훈련의 과정을 거치지 않았다면, 오늘과 같은 성적을 낼 수 없었을 것이다.

나의 교육은 비대면 줌으로 진행된다. 어떤 수강생은 화면을 끄고 청중으로 참석하고, 어떤 수강생은 화면을 켜고 적극적으로 참여한다. 수강생 인원이 점점 늘어나면서 나는 화면을 켜고 참석한 사람에게만 롤 플레이 피드백을 줄 수 있었다. 그리고 시간 속에서 청중 모드의 수강생과 적극적으로 참여한 수강생의 '클로징 능력'에 큰 차이가 벌어졌다.

똑같은 강의를 듣더라도, 어떤 사람은 머리로 이해하는 데서 그치고, 어떤 사람은 행동으로 참석해 자신의 부족한 점을 사람들 앞에 드러낸다. 처음 참여하는 수강생들은 수치심도 느끼고 자극도 받는다. 그러나 이런 심리를 극복한 이후에는 오히려 자신감을 얻게 된다.

머리로 배우는 것이 가장 편하다. 무엇인가 하고 있다는 위로도 된다. 하지만 나의 통장 잔고는 바뀌지 않는다.

클로징을 잘하고 싶다면 고객을 건드리는 질문을 하는 배짱이 있어야 한다. 그리고 많은 고객과 접촉하는 경험을 통해 승자의 심리를 얻어야 한다. 그 심리는 강의가 아닌 실제 상황과 같은 훈련에서 얻어진다. 그러한 경험을 원한다면 두려워 말고 나의 교육에 참여하길 권한다. 모든 영업 사원이 갑의 심리로 영업하길 응원한다.

고객의 의심을
확신으로 바꾸는 TM기술

모르는 휴대폰 번호로 전화가 온다. 02 또는 070 번호로 전화가 올 때도 있다. 콜드콜을 경험하는 순간이다. "여보세요"와 함께 때로는 녹음된 음성 메시지가 들린다. 때로는 영혼 없이 스크립트를 읽는 목소리가 들리기도 한다. 당신도 이런 TM 전화를 수없이 받아 봤을 것이다. 왜 이들의 목소리는 하나같이 소음으로 들릴까? 왜 이들은 무시하고 싶을 정도로 아무런 흥미를 일으키지 못할까? 모두 똑같은 목소리, 똑같은 멘트로 말하기 때문이지 않을까?

하나의 순간에 완전히 다른 두 사람이 존재한다. 한 사람은 진땀을 빼면서 전화를 걸고 있고, 다른 사람은 응하고 싶지 않은 존재로 그 사람을 취급하고 있다.

고객은 TM을 신뢰하지 않는다. 전화한 사람의 최종 목적이 자신의 돈을 뺏어가는 것으로 생각하기 때문이다. 그래서 고객은 우리가 말할 기회조차 주지 않는다. 그렇다면 우리는 이런 고객에게 어떻게 다가가야 할까?

세상에는 눈에 보이는 것보다 보이지 않는 것이 더 많다. 그러나 사람들은 보이는 것만 믿으려고 한다. 이런 세상에서 얼굴도 모르는 사람이 전화를 걸어 눈에 보이지 않는 것을 설명하며, 돈을 내라고 하면 의심이 되는 것은 당연하다.

이런 이유로 영업인들은 콜드콜이 어렵게만 느껴진다. 하지만 이 또한 누군가에게는 기회가 된다. 그들은 눈에 보이지 않는 것을 믿도록 만드는 기술을 터득했기 때문이다. 이 기술 하나만으로 그들은 천하무적이 된다.

모르는 사람과 빠르게 신뢰를 구축하기 위해 내가 자주 사용하는 기술은 '블로킹'이다. 블로킹이란 고객이 의심하고 우려하는 부분을 내가 먼저 꺼내 말하는 것이다. 예를 들어, 콜드콜을 하는 동안 고객이 거절하는 이유 중 하나는 내가 모르는 사람이기 때문이다. 그러면 나는 이 점을 내가 먼저 말한다.

"고객님은 오늘 저와 처음 통화하셨기 때문에 저에 대한 신뢰가 없을 수밖에 없습니다. 하지만 가까운 지인이 전화했다면 이렇게 차갑게 대하지는 않을 것입니다. 신뢰가 구축되지 않은 상태에서 제가 무엇을 말하든 고객님은 안 믿으시잖아요."

　이렇게 내가 먼저 수면 위로 '신뢰'를 끌어올리고 나면, 고객은 나의 말에 조금씩 동의하게 된다. 이 외에도 상품에 대한 설명을 듣고 나면 고객은 거절할 준비를 한다. 그런데 이런 거절은 고객 자신의 의도와 상관없다. 고객은 쉽게 상품을 구매하면 후회할지 모른다는 자신의 무의식에 반응했을 뿐이다. 그래서 나는 브리핑 후 고객에게 먼저 질문한다.

　"고객님, 지금까지 제가 말한 내용 솔직히 잘 안 믿어지시죠? 혹시 조금이라도 믿음이 갔다면 전체 대화 중 얼마 정도 되나요?"

　이런 소통방식은 고객의 복잡한 마음속에 있는 사정들을 수면 위로 끌어 올려준다. 무엇보다 서로 겉도는 대화로 시간을 낭비하지 않고, 본질로 파고드는 것이 블로킹 기술을 적용하는 목적이다.

　이 외에도 고객이 의심하고 경계하는 것을 한층 더 설득력 있게 접근하는 기술이 있다. 그중 하나가 바로 '만약 ~한다면'이라는 '가설'을 사용하는 기술이다. 콜드콜을 하면서 가장 흔히 듣는 거절 중 하나가 "필요 없어요"다. 아직 상품의 가치와 차별성에 관한 이야기를 꺼내지도 않았는데, 많은 사람이 "필요 없다"라는 식으로 거절한다.

실제로 문제가 전혀 없는 고객이라면 굳이 접근할 필요가 없다. 하지만 대부분 경우 얼굴도 모르고, 처음 통화하는 사람에게 자신의 문제를 말하기란 쉽지 않다. 즉, 그들은 문제가 없어서 필요 없다고 말하는 것이 아니라, 모르는 사람에게 자신의 문제를 이야기할 만큼 신뢰가 가지 않기 때문이다. 그래서 고객과 빠르게 신뢰를 쌓는 것은 매우 중요하다.

이때 '만약'이라는 가설을 사용하면, 고객의 상상력을 자극해 의심의 벽에 실금을 낼 수 있다.

"고객님, 만약에 제가 뭔가를 제안하는 사람이 아니라 고객님을 위해서 일하는 직원이라고 했을 때, 제가 이런 열정과 집요한 태도로 고객님을 위해 일한다면 어떨 것 같아요?"

이 질문을 받은 고객은 나를 긍정적 이미지로 바라보게 된다. 의심의 벽에 실금이 가는 순간이라고 할 수 있다.

관점의 전환은 고착된 사고를 순간적으로 변화시키는 큰 힘을 가지고 있다. 그리고 이런 사고의 확장은 고객들에게도 유익하다. 의심에서 신뢰로 전환되는 데 너무 많은 에너지와 시간을 쓰지 않고, 문제 해결에 집중할 수 있게 해주기 때문이다.

어떤 수강생들은 나와 첫 상담 전화만으로 수강료 이상의 가치를 배웠다고 말하기도 한다. 시간의 길이와 상관없이 관점의 변화만으로 쉽게 해결되는 문제가 의외로 많기 때문이다. 같은 상황에서 관점의 폭이 넓은 사람은 더 많이 볼 수 있고, 더 확신한다. 그리고 더 많이 보고, 더 확신하는 사람이 항상 그렇지 않은 사람을 이끌게 되어 있다.

때로는 믿음은 가는데, 고객 자신이 준비되어 있지 않다고 생각하기도 한다. 이런 자신감 없는 고객은 상대의 열정에 이끌려 가기보다 상대를 두려워하거나 부담스러워한다. 이런 경우 고객의 템포에 맞춰 접근할 필요가 있다.

예를 들어 자꾸 전화를 끊으려 하는 고객의 부담을 낮추기 위해 이렇게 말해볼 수 있다.

"고객님께서는 어떤 부담도 가질 필요가 없습니다. 결정권은 고객님이 가지고 계시고, 저의 제안이 마음에 안 들면 거절하시면 되는 것입니다. 그리고 상품이 마음에 들어도 상품을 제안하는 제가 마음에 안 들 수도 있잖아요? 그러니 저를 면접 본다 생각하시고, 제가 안내해드릴 기회를 주시면 감사하겠습니다."

이 외에도 고객의 부담을 덜어주는 표현은 많다. 하지만 이런 표현을 아무리 많이 알아도 적절한 때에 표현하지 못하면 아무런 소용이 없다. 멘트집을 외워도 실적이 나아지지 않는 이유이기도 하다. 중요한 것은 관점을 넓히고 고객을 이해하는 것이다. 이런 과정 없이 앵무새처럼 멘트를 읊어대는 것은 고객에게는 소음에 불과하다. 이런 사실을 모른 채 과거의 나처럼 열정만으로 영업하는 사람들은 고객에게 파리 취급을 당하기 쉽다.

한국에 처음 왔을 때 주변 사람들은 내가 무슨 과를 졸업했는지 궁금해했다. 내가 외국에서 많이 생활했고, 호주에서 대학을 다녔다고 알고 있기 때문이다. 그들의 기대와 달리 나는 고졸이다. 지루한 학교 교육을 버티지 못해 중퇴했기 때문이다.

그런데도 그들은 내가 영어도 잘하고, 아는 지식도 많으며, 남다른 관점을 갖고 있다면서 나를 엘리트로 바라봐줬다. 하지만 취업 전선에 뛰어든 내게 주어진 선택지는 많지 않았다. 가장 큰 이유는 고졸이라는 나의 학벌이었다.

그 당시 외국인 신분으로 한국에 사는 내 또래의 사람들을 보면, 모두 생산직 또는 일용직을 하고 있었다. 내가 새로운 돌파구를 찾지 못한다면, 나도 이들과 크게 다르지 않은 삶을 살 수밖에 없는 상황이었다. 나의 이런 현실을 가장 안타까워했던 사람은 나의 어머니였다.

나의 어머니는 싱글맘이자 외국인 노동자로 평생을 살았다. 나만큼은 그녀와 다른 삶을 살기를 바라며, 빚을 내서 나의 유학비를 대췄다. 어려운 형편에 무리해서 나를 보냈기에 어머니는 쉴 새 없이 일하셨다. 자기 몸을 돌볼 겨를도 없이 몸이 다 망가질 때까지 일만 하셨다는 것이 내게 가장 가슴 아픈 일이다.

내가 만약 보통의 외국인 노동자처럼 그렇게 산다면, 어머니는 무엇을 위해 평생을 희생하신 것일까? 나는 도저히 물러설 수 없었다. 그리고 이런 내게 유일한 희망은 영업이었다. 그것도 남들과 차별화된 방법의 영업 말이다.

나는 한국에서의 여러 교육을 들어봤지만, 모두 같은 말뿐이었다. 모두가 하는 뻔한 말은 고객에게 매력적으로 들리지 않는다. 그러면 나도 그들에게 파리 같은 존재가 된다. 그래서 나는 교육의 모든 소스를 미국과 중국에서 가져온다.

나는 돈을 벌면 그 돈을 적극적으로 교육에 재투자했고, 그것은 지금도 마찬가지다. 이런 나의 정체성으로 수강생들은 한국에서 아직 알려지지 않은 따끈따끈한 정보를 제공받는다. 그러니 누구나 하는 뻔한 영업이 아닌 신선한 영업을 하게 된다.

나의 교육생 중에는 나보다 더 오래 영업한 사람도 있다. 하지만 그들도 초보자 수강생들과 함께 수업을 듣고 있다. 누군가는 의아할 것이다. 하지만 나는 뻔한 멘트를 더 많이 알고 있고, 영업 경력이 길다 해서 프로가 되는 것은 아니라고 생각한다. 영업은 자신의 정체성으로부터 나오기 때문이다.

나의 수강생들이 PCM에 대해 말할 때 가장 많이 나오는 말은 "이런 교육은 처음이다"이다. 나는 수강생들에게 뻔한 기술을 주입하려고 노력하지 않는다. 그들이 더 큰 관점으로 상황을 바라볼 수 있도록 돕고, 자신만의 고유한 색을 찾도록 도울 뿐이다.

관점의 추가와 명확한 정체성은 고객에게 신선하게 느껴진다. 그리고 빠르게 신뢰를 쌓도록 해준다. 그렇게 의심이 신뢰로 바뀌는 순간, 고객과 영업 사원 모두에게 윈윈이 된다.

앵무새처럼 같은 멘트를 말하는 사람은 고객에게 소음을 쏟아내는 존재다. 우리 모두 고객에게 소음이 아닌 정보를 주는 사람이 되자.

고객의 반박에 무조건 동의하라

TM영업으로
억대 연봉
버는 비법

"이거 얼마예요?"

"500만 원입니다."

"뭐라고요? 재킷 하나에 500만 원이요? 어이가 없네요. 저는 필요 없을 거 같아요."

"맞습니다, 고객님. 500만 원짜리 재킷이 필요해서 구매하는 사람은 한 분도 없습니다. 대부분 고객이 이런 가격임에도 불구하고 구매하는 이유는 그냥 느낌이 좋아 사는 거랍니다."

어떤가? 이 판매원은 당신이 놓치고 있는 무엇인가를 잘 알고 있는 것 같지 않은가? 이 대화 속에서 그녀가 고객의 반박에 얼마나 훌륭하게 대처해냈는지 알면 감탄하지 않을 수 없다.

이 대화는 억만장자 그랜트 카돈이 백화점의 한 옷 가게에서 실제로 나눴던 대화다. 영업의 달인답게 그랜트 카돈은 그녀의 영업 능력에 높은 점수를 줘서 그날 재킷을 구매했다고 한다.

수많은 고객과 접촉하다 보면 마찰이 생기는 경우가 종종 있을 수 있다. 특히 고객의 의견이나 반박에 제대로 대처하지 못할 경우, 상황은 더욱 심각해진다. 많은 사람이 영업직을 어려워하는 이유이기도 하다. 하지만 이 세상에 어려운 문제 대부분은 내가 잘 모르는 데서 출발한다는 것을 잊지 말자.

수강생 B의 이야기를 해보겠다. B는 네트워크 마케팅에 종사하는 육아맘이다. 그녀는 그 일을 너무나 잘 해내고 싶었으나 자신의 능력으로 해결되지 않는 여러 문제가 있었다. 상위 직급자와 상의하면, 대부분 경우 그냥 시스템(교육)에 참석하라는 것이 전부였다. 네트워크 마케팅 영업 사원들이 주먹구구식으로 일을 할 수밖에 없는 이유이기도 하다. 그녀는 답답한 마음에 자신을 도와줄 사람을 찾다가 유튜브에서 나를 발견했다.

PCM 수강을 시작할 당시, 그녀의 가장 큰 고민 중 하나는 남편이 네트워크 마케팅을 극도로 싫어하고 반대한다는 것이었다. 밖에서 업무 스트레스에 시달리는 것도 힘들지만, 집에서 남편의 눈치까지 봐야 하니 어느 한 곳에서도 마음이 편할 날이 없다고 했다. 나는 그녀에게 물었다.

"남편이 네트워크 마케팅을 반대할 때 보통 어떤 식으로 대처하세요?"

"당신이 생각하는 것처럼 그렇게 나쁜 일이 아니라고 말해줘요. 저는 본사에서 여러 교육을 받으니까 잘 알지만, 남편은 모르잖아요. 그래서 제가 본사를 같이 한번 가자고 해도 질색하고, 배운 대로 알려주려고 해도 무조건 귀를 닫고 안 들어요."

영업에 있어서 밖에 있는 고객도 중요하지만, 프로라면 최측근과도 원활한 소통을 할 수 있어야 한다. 남편의 반대에는 분명 이유가 있다. 그리고 남편의 의견이 실제로 맞을 수도 있다. 또는 틀릴 수도 있다. 하지만 대부분 경우, 이런 상황은 우리의 최종 목적과 아무런 상관이 없다.

이런 사실을 모르면, 남편의 반대를 극복하는 데 엄청난 시간과 에너지를 낭비할 뿐이다. 대화의 최종 목적을 잊은 채 상대가 반대한다는 그 감정 하나에 꽂혀 싸우기 때문이다. 이런 경우 누구와 대화하든 마찬가지다. 그럼 어떻게 그녀는 이 문제를 해결하게 되었을까? '기똥찬 동의 연습'이 내가 그녀에게 준 처방이었다. 그녀는 남편의 모든 반대에 동의하는 연습을 시작했다.

예를 들어 남편이 "왜 그런 종교집단 같은 다단계에 빠져 있는 거야?"라고 말하면, 그전의 그녀는 이렇게 대답했다.

"이것은 엄밀히 말하면 다단계가 아닌 직접 판매야. 합법적인 유통업이라고."

남편의 한마디 말에 그녀는 열 마디를 보태 하나하나 가르치려 했다. 그러나 이번에는 다르게 말했다.

"당신 말처럼 내가 요즘 다단계에 빠져 있는 것 같아. 그런데 가만히 생각해보면, 당신을 만나 콩깍지가 씌었을 때도 난 이렇게 빠져 있었어. 그때는 당신이 나한테 종교 같은 존재였거든."

남편은 이런 아내의 동의에 뭐라 할 말이 없었다. 남편의 어떤 시비에도 그녀는 일관된 자세로 기똥찬 동의를 했다. 그러자 남편도 더는 언성을 높이지 못해 때로는 어이없는 웃음으로 대화를 마무리했다.

속도 없이 그렇게까지 동의할 필요가 있을까 싶지만, 동의하지 않을 이유도 없다. 우리가 집중해야 할 것은 명확한 목적지다. 이 목적지로 가는 데 방해되는 요소들을 잘 피해 가는 것은 시간과 에너지 절약 측면에서 매우 중요하다. 그녀가 남편에게 제품을 팔 것도 아니고, 남편이 영업 조직원의 일부가 되어주길 바라는 것도 아니라면, 남편은 그녀가 잘 피해 가야 할 방해 요소다. 그리고 그녀의 목적지는 조금 더 편한 마음으로 일에 집중할 수 있는 상황이다. 이렇게 목적지를 분명히 알면, 과정에서 발생하는 모든 문제에 대해 현명하게 대처할 수 있다.

이런 원리는 어디에나 적용된다. 예를 들어, '돈과 행복'에 대해 사람들은 마치 하나를 선택하면 하나를 잃을 것처럼 걱정한다. 돈을 따르면 행복을 잃게 되고, 행복을 선택하면 많은 돈을 벌 수 없다고 무의식적으로 믿는 듯하다. 그러나 많은 부자가 보여주듯이 '돈과 행복'은 별개다. 행복할 줄 아는 사람은 돈이 많아지면 더 행복하고, 행복할 줄 모르는 사람은 돈이 많아도 행복하지 않다. 즉, 내가 '돈과 행복' 두 마리 토끼를 모두 나의 목적지로 놓으면 될 뿐이다.

나는 나의 콜드콜 기술을 다양한 TM영업 조직에서 실험하는 것을 즐겼다. 한번은 블로그 마케팅 브리핑을 위한 방문 약속을 잡는 회사에 들어갔다.

대부분 경우 고객은 광고 전화 같으면 바로 끊어버린다. 첫마디에 전화를 끊는 사람이 있는가 하면, 잠깐 들어보고 필요 없다고 끊는 사람이 있을 뿐이다.

이때 나의 첫 번째 목적은 '나에게 맞는 고객'을 찾는 것이다. 나는 바로 끊지 않고, "관심 없어요" 또는 "필요 없어요"라고 말해주는 고객만 찾으면 된다. 즉, 내가 찾는 고객은 '거절하는 고객'이다. 거절하는 고객을 찾는다니 어리둥절한가? 고객의 거절은 내가 그와 더 오래 통화할 명분을 준다. 그리고 통화의 명분이 생긴 나는 두 번째 목적에만 집중하면 된다. 바로 '거절 처리를 통해 약속 시간을 잡는 것'이다.

"필요 없어요."

"맞습니다. 필요했다면, 고객님이 먼저 전화를 주셨겠죠. 혹시 이 시간대는 가능하세요?"

"관심 없어요."

"맞습니다. 모든 고객님께서 처음에는 관심 없다고 말씀하세요. 그럼 이 시간대는 어떠세요?"

"안 할게요."

"맞습니다. 지금 할 것은 아무것도 없으세요. 그럼 이 시간대는 괜찮으세요?"

"시간 없어요."

"맞습니다. 그래서 지금 당장 무엇을 하려는 것은 아니에요. 이 시간대는 어떠세요?"

이 외에도 다양한 고객의 반박에 동의하는 방법들이 있다. 그리고 상대의 반박에 무조건 동의하는 기술은 나의 목적을 달성하는 데 상당한 시간을 절약해줬다.

주먹구구식으로 일하는 영업 사원들의 실체를 들여다보면, 맹목적 믿음을 가지고 일하는 사람들이 많다. 자기계발서만 너무 읽었나 싶은 그런 사람들 말이다. 물론 어려움을 뚫고 나가기 위해 '믿음'은 정말 중요하다. 하지만 실제적인 훈련과 연습이 동반되지 않은 채 믿음만 붙잡는 것은 위험하다. 특히 영업의 세계는 측정 불가능하고, 뭔가 희미한 미신 같은 영역이 아니다.

고객의 반박에 동의하는 것과 그들의 거절을 받아들이는 것은 서로 영향을 주지 않는 별개의 영역이다. 당신의 일은 고객의 문제 해결이고, 그러기 위해서는 그들을 도울 기회를 잡아야 한다. 고객의 반박에 동의하는 아주 간단한 기술조차 연마되지 않아 서로의 감정을 소모하는 것은 참으로 안타까운 일이다. 이제라도 이런 기술을 반복적으로 연습해 원하는 목적지에 빠르게 도달하길 바란다.

TM영업으로
억대 연봉
버는 비법

고객이 거절할 때 놓치고 있는 것

나는 중국 연길에서 태어났고, 할머니와 할아버지 손에서 자랐다. 연길에서는 흔히 있는 일이다. 대부분 부모가 돈을 벌러 한국으로 가기 때문이다.

내가 한국에 처음 도착했을 때, 나는 무척 설레였다. 처음으로 어머니와 함께 살았기 때문이다. 우리는 26년의 세월을 따라잡는 듯한 마음으로 함께 많은 추억을 쌓았다. 그중 어머니가 우유를 마시라고 잔소리를 했던 게 유난히 생각난다. 나는 한결같이 싫다고 거절했지만, 어머니는 언제나 우유를 내 책상에 놓고 가셨다. 그러면 나는 언제 싫다고 했나 싶을 정도로 곧장 우유를 마셨다.

어머니가 한결같이 우유를 책상 위에 놓은 단순한 사례를 통해 나는 2가지 깨달음을 얻었다.

첫 번째, 대부분 거절은 진짜 거절이 아닌 반응에 불과하다. 두 번째, 고객에게 제안할 때는 보이지 않는 허상 또는 말에 근거하지 말고, 실제로 눈앞에 보이도록 해야 한다.

나는 분명 어머니께 마시기 싫다고 거절했지만, 진짜 싫었다면 끝까지 마시지 않았을 거다. 돌이켜 보면, 나는 냉장고까지 가서 우유를 꺼내고 따르는 행위가 귀찮았다. 그러니 "마시기 싫다"라는 말은 "귀찮아"라는 반응에 불과했다. 이런 나의 귀찮음을 눈치채신 어머니는 늘 우유를 눈앞에 보이게 놓으셨다. 내가 우유를 정말 싫어하는 사람이 아니니 눈앞에 있는 우유를 자연스레 마셨다. 하지만 어머니가 우유를 눈앞에 보이게 주시지 않았다면, 나는 마시지 않았을 것이다.

이 사례는 고객에게도 그대로 적용된다. 그래서 우리는 고객의 거절을 거절로 받아들이기보다 반응으로 봐야 한다. 그리고 고객의 눈앞에 우리가 말하는 내용이 보일 수 있도록 해야 한다. '견물생심(見物生心, 물건을 보면 가지고 싶은 마음이 생긴다)'은 자연스러운 현상이기 때문이다.

우리는 태어나는 순간, 여러 형태의 거절을 경험한다. '이성의 거절', '가족, 지인의 거절', '일자리의 거절', '고객의 거절' 등 참으로 다양하다. 영업하는 사람이 좀 더 횟수가 높을 뿐 거절을 피할 수 있는 사람은 아무도 없다.

보통 거절이라 하면 감정적으로 다가가기 쉽다. 그렇다 보니 마음의 상처를 회복하는 데 시간과 에너지가 쓰이기도 한다. 많은 사람이 '심리와 소통' 관련 책을 찾는 데는 다 이유가 있다. 내가 원하는 많은 것이 타인에게 있기에 사람과의 교류를 피할수는 없다. 그리고 그 과정에 힘을 얻기도 하고, 빼앗기기도 한다. 그래서 우리는 거절을 좀 더 상세히 알 필요가 있다. 거절의 표면적 의미가 아닌 내면적 의미를 알면, 감정소비가 덜하기 때문이다.

첫째, 고객의 거절은 고객 자신에 대한 믿음 부족에서 비롯된다.
수강 문의가 오면, 내가 고객에게 늘 하는 말이 있다.

"보통 저의 PCM 교육이 마음에 들어도 거절하는 경우가 있습니다. 이유는 '교육은 정말 훌륭한데 내가 과연 교육과정에 잘 적응할 수 있을까?'라는 자신감 부족인데요. 고객님은 어떠실 것 같아요?"

지난 12년의 경험으로 볼 때, 고객이 거절하는 가장 큰 이유는 '자신에 대한 믿음 부족'이다. 상대가 아무리 바른말을 하고, 제품이 마음에 들어도 자신에 대한 믿음이 부족할 경우 우리는 선뜻 시작하지 못한다. 새로운 무언가를 시작하는 것은 설레기도 하지만 두렵기도 하다. 그리고 이런 두려운 마음은 자신감이 없다는 증거이기도 하다. 그러나 고객은 그 마음을 쉽게 드러내고 싶어 하지 않는다. 그래서 거절하더라도 다른 이유와 핑계를 댄다.

이런 경우, 고객의 입장을 충분히 이해하기 위해 질문을 던져야 한다. 예를 들어 "고객님, 지금 결정한다, 안 한다를 떠나서 현재 가장 고민되거나 우려되는 부분이 있다면 편하게 말씀해 주시겠어요?" 이런 직설적인 질문은 아주 효과적이다.

대화의 깊이는 질문의 질과 직접적으로 연결되어 있다. 내가 상대를 배려해 겉도는 질문을 하면, 결국 그 대화는 겉돌 수밖에 없다. 반면 직설적인 질문으로 깊은 대화를 이끌면, 고객은 자신의 문제에 대해 이해하고, 어쩌면 해결될 수도 있겠다는 믿음을 얻는다. 그리고 이런 대화의 과정에서 자신도 '해낼 수 있다'라는 동기부여를 받고 자신감이 올라간다.

둘째, 고객의 거절은 판매자에 대한 확신 부족에서 비롯된다.

얼마 전 나는 코막힘이 심해져 병원에 찾아갔다. 병원에는 총 3명의 의사가 있었다. 나는 누가 가장 실력 있는 분인지 몰라 데스크에서 지정해준 분에게 진료를 받았다. 그러나 시간이 지나도 코막힘 증상이 나아지지 않아 다시 병원을 방문했다. 이번에는 다른 선생님을 요청해 진료를 받았다. 마찬가지로 증상은 나아지지 않았다. 결국 세 번째 선생님에게 진료를 받았다.

그런데 이분의 진료 과정은 앞에서 만난 두 분과 차원이 달랐다. 알고 보니 세 번째 선생님께서 가장 실력 있는 대표 원장님이었다. 그분과 상담하면서 나는 그분을 신뢰하게 되었다. 그래서 내 인생 첫 수술을 결심했다. 그리고 수술은 아주 성공적이었다.

나는 영업에서도 이와 크게 다르지 않다고 생각한다. 고객이 거절하는 이유는 자신을 이끌어줄 상대가 믿음직스럽지 않다고 생각하기 때문이다. 반대로 고객이 지갑을 여는 이유는 자신의 문제를 해결해줄 사람, 또는 상품을 찾았다고 생각하기 때문이다. 영업인의 일은 설득하는 게 아닌 확신을 주는 일이라는 것을 잊지 말자.

셋째, 사려 깊은 질문 없이는 거절하는 게 당연하다.

'사려 깊은 질문'이란 고객의 문제를 제대로 진단하기 위해 고객에 대해 깊이 알아가는 과정이다. 대부분 고객은 자신이 가진 문제의 본질을 몰라 방치하는 경우가 많다. 그래서 '사려 깊은 질문' 없이는 문제의 본질로 파고들어 정확하게 진단할 수 없다. 앞서 말했듯이 문제가 없는 고객은 우리를 필요로 하지 않는다. 다행히 문제가 전혀 없는 사람은 세상에 없다. 그 문제를 고객도, 우리도 보지 못할 뿐이다.

고객은 사려 깊은 질문에 답하는 과정에 스스로 자신의 문제를 진단하게 된다. 그리고 바로 그때 나의 제안에 귀가 열린다.

물론 진단과 상관없이 고객은 여전히 거절할 수 있다. 하지만 그 거절은 신뢰가 형성된 상태의 거절이기에 또 다른 기회로 연결될 수 있다.

사려 깊은 질문이 막막한가? 그 답은 '동정심'과 '호기심'에 있다. 내가 정말 고객을 도울 마음이 있고, 그 고객이 궁금하면 사려 깊은 질문을 할 수밖에 없다. 당신이 지금껏 멘트집을 열심히 외워도 고객의 마음을 얻지 못했다면, '동정심'과 '호기심'에 대해 조금만 깊게 생각해보길 권한다.

내가 수년간 TM영업에 관해 교육하면서 발견한 아주 흥미로운 점이 있다. 대부분 영업 사원은 모든 것이 '나로 시작해서 나로 끝난다'라는 것이다. 이 말은 많은 사람이 오직 자신의 호주머니 이익만 채우려고 고객에게 접근한다는 뜻이다. 그러나 고객은 바보가 아니다. 자신을 도우려는 사람인지, 자신에게서 뜯어내려는 사람인지 그들은 안다.

나는 종종 보험상품을 판매하는 무책임한 영업 사원들을 목격한다. 보험은 일반인에게 굉장히 어렵고 복잡하게 느껴진다. 그래서 고객은 그저 판매원의 안내에 따라 보험상품에 가입한다. 판매원은 자신이 잘 관리해주겠다며 많은 선물을 보내주기도 한다.

그러나 상황은 돌변한다. 예를 들어 갑자기 사고가 나서 계약했던 담당자를 찾으면, 연락이 통 안 되는 경우가 있다. 또는 그만두고 사라진 경우가 있다. 고객에게 중요한 것은 판매원에게 받는 선물이 아닌, 계약 이후에 받는 서비스다. 매달 돈을 냈으나 필요한 시기에 서비스를 받지 못하니 고객이 느끼는 배신감 또한 크다. 게다가 이런 몇몇 사람의 무책임한 행동으로 보험 영업 사원의 이미지가 망가진다.

우리가 진짜 노력해야 하는 시점은 고객이 돈을 내기 전이 아닌, 돈을 낸 후라는 것을 꼭 명심하자.

고객의 거절에는 수많은 의미가 포함되어 있다. 현재 고객이 사용하는 제품이 충분히 만족스러울 수도 있고, 내가 제안하는 제품과 유사한 제품에 나쁜 기억이 있을 수도 있다.

고객이 만약 나쁜 경험을 했다고 가정해보자. 이런 경우 고객의 마음에는 '두려움과 불신'이 있을 수밖에 없다. 이때 우리가 할 일은 하나다. 고객의 마음속에 있는 것들을 밖으로 끄집어내는 것이다. 그 두려움과 불신의 실체를 확인하고 파헤치지 못하면, 우리는 절대 고객의 문제를 해결해줄 수 없다.

또는 고객이 현재 사용하는 제품이 만족스럽다고 가정해보자. 이런 경우 고객은 기존 제품에 대한 신뢰가 있어서 다른 제품으로 쉽게 바꾸지 않을 것이다. 그러나 이 또한 고객과 얼마나 깊은 소통을 하느냐에 따라 충분한 정보로 연결될 수 있다. 현재 정확히 어떤 부분에서 만족하는지, 혹시 아쉬운 부분이 있다면 그것은 무엇인지 등의 정보는 또 다른 가능성을 열어준다.

'우리가 삶에서 원하는 모든 것은 우리가 모르는 사람에게 있다.' 이 말을 뼛속 깊게 깨달은 것은 학교가 아닌 영업 현장이었다. 이처럼 우리는 학교보다 영업 현장과 고객의 거절에서 더 많은 것을 배운다. '영업'이 참으로 멋진 일이라고 생각하는 이유이기도 하다.

이 멋진 일로 인생을 바꾸는 데 단 한 가지 원칙만 명심하면 충분하다. 우리는 고객의 문제를 해결하고, 고객을 섬기는 사람들이라는 것이다. 당신이 이 원칙만 놓치지 않는다면, 점점 더 영업의 매력에 빠져들 것이다. 하지만 이 원칙을 놓친다면 영업은 벗어나고 싶은 늪으로 느껴질 것이다. 당신의 선택은 무엇인가?

나는 고객에게
충분한 정보를 주고 있는가

TM영업으로
억대 연봉
버는 비법

영업에서 화려한 화술은 하나의 무기가 될 수 있다. 그러나 핵심은 아니다. 지금까지 내가 상담했던 모든 고객이 공통으로 원했던 것은 나의 화술이 아닌, 필요 이상의 충분한 정보였다. 그렇다면 '필요 이상의 충분한 정보'란 무엇인지 한번 알아보자.

어느 날 나는 미팅을 마치고 혼자 롯데백화점에 들렀다. 한 층 한 층 둘러보다가 마지막 층으로 올라가니 가전제품이 있었다. 집에 있는 프라이팬 코팅이 벗겨진 게 문득 생각나서 나는 냄비 코너로 갔다. 그때 한 판매원이 내게 다가와 처음으로 던졌던 멘트가 있다.

"고객님, 그 제품은 한번 구매하면 평생 쓸 수 있고, AS도 평생 보장됩니다."

나는 '그렇구나'라고 생각하고 그냥 가려고 했으나, 그녀는 오직 자신의 매장에서만 평생 AS가 보장된다는 점을 재차 강조했다. 생각해보니 그동안 구매한 냄비나 프라이팬은 얼마 지나지 않아 칠이 벗겨지고 쉽게 파손되었다. 그래서 매번 바꿔야 하는 게 불편하고 낭비라고 생각했다. 그런데 그녀가 그 문제를 해결할 수 있다고 강조하니 나는 그냥 스쳐 지나갈 수 없었다. 어쩌면 이번 기회에 그 문제를 해결할 수 있다는 기대감마저 생겼다.

무엇보다 나는 그녀가 냄비의 차별성을 나타내는 한 단어를 반복적으로 이야기한 것이 인상적이었다. 그래서 그녀의 말에 귀를 기울이며, 내가 계획했던 시간보다 오랜 시간 그곳에 머물렀다.

나는 컨설팅 직업을 가지고 있어서 그런지 몰라도 뛰어난 영업 사원과 판매원을 그냥 지나치지 못한다. 그들이 궁금하기 때문이다.

그날도 나는 그녀의 이력에 관해 여러 가지 질문을 했다. 그녀는 고객이 묻는 어떤 질문에도 충분한 정보를 줄 수 있는 준비가 되어 있었고, 불편함 없이 충분한 답변을 했다. 그런 뒤 그녀는 자연스럽게 냄비의 특징을 설명했고, 어떻게 사용할지 시뮬레이션까지 보여줬다. 이런 모습에 나는 점점 더 흥미를 느꼈고, 그녀가 확실히 프로라는 것을 확인했다.

이날 나는 내 인생 처음으로 가장 비싼 냄비 세트를 구매했다. 그러나 내가 구매한 것은 냄비 자체가 아닌 그 이상의 것이었다. 그날 그녀와의 대화에서 내게 필요한 정보를 충분히 얻었기 때문이다. 게다가 그녀가 보여준 모습은 내가 평소에 수강생들에게 가르치는 원칙과 일맥상통했기에 더 의미가 있었다.

충분한 정보란 무엇일까? 고객에게 주는 서비스의 차별성, 혜택, 보장 같은 것을 의미한다. 또는 상품 자체의 기능과 편리성에 관한 설명일 수도 있다.

예를 들어 영양제를 판다고 가정해보자. 보통 영업 사원은 그 안에 어떤 비타민들이 들어 있고, 얼마나 인체에 흡수가 잘되는지, 이 영양제가 어떤 배경에서 만들어졌는지 등 구구절절 설명하려고 든다. 하지만 고객에게 이런 정보를 아무리 많이 준다고 해도 충분하지 않다. 정보 자체는 충분할지 몰라도 고객에게 전달된 정보는 얼마 되지 않기 때문이다.

고객이 알면 좋을 다양한 정보와 지식은 많다. 그러나 고객은 그 제품이 자신의 문제를 해결할 수 있을지, 없을지에만 관심이 있다. 그러니 영업 사원은 고객이 원하는 목적지에 빠르게 갈 수 있도록 우선순위 정보를 줘야 한다. 그 우선순위가 뒤바뀌면 고객에게 충분한 정보를 주는 데 실패한다.

충분한 정보라고 해서 그것이 추가적인 지식자료가 될 필요는 없다. 정보의 의미는 심적인 요소도 될 수 있기 때문이다. 예를 들어 고객에게 전하는 말투와 목소리에서 느껴지는 강한 확신도 정보에 속한다. 또는 상대가 진심으로 경청하고 있다는 느낌만 확연히 전달되어도 고객은 지갑을 연다. 그리고 무엇보다 고객의 문제 해결을 위한 현실적 조언을 아낌없이 줄 때, 고객은 이에 반응한다. 여기서 현실적인 조언은 현재 판매하고 있는 상품과 반드시 연관될 필요는 없다.

어느 날 한 고객에게서 전화가 왔다. 그녀는 유튜브에서 오랫동안 내 영상을 봤고, 내가 하는 직설적인 말에 신뢰가 생겨 연락했다고 했다. 늘 그렇듯 문제는 교육비였다. 쉰 살이 넘도록 교육에 투자를 안 해봤기에 그녀는 망설임이 컸다. 그때 내가 그녀에게 했던 질문에는 몇 가지 현실적인 조언이 담겨 있었다.

"사장님! 충분히 더 고민하셔도 됩니다. 고민을 한 달 더 할 것인지, 1년 더 할 것인지는 저와 크게 상관없습니다. 다만 사장님은 교육에 돈을 쓰지 않아도 앞으로 어딘가에 쓸 겁니다. 그리고 현재까지도 충분히 고민하면서 많은 돈을 써왔습니다. 그 결과 사장님은 현재 원하는 삶을 살고 있습니까?

우리는 어차피 어딘가에 돈을 씁니다. 단지 계속 엉뚱한 곳에 돈과 시간을 뺏기면서 살 것인지, 아니면 이번 계기로 저에게 돈과 시간을 뺏겨서 문제를 해결해볼 것인지의 선택일 뿐입니다. 사장님이 그렇게 오랫동안 보셨던 유튜브의 저는 직설적이고 투명한 사람입니다. 그리고 그게 저의 정체성이라면, 지금 제가 사장님의 문제를 당장 해결하도록 돕는 게 우선일까요? 아니면 충분하게 고민하도록 놔두는 게 우선일까요?"

이런 나의 확신에 찬 말투와 목소리, 그리고 현실적인 조언은 그녀에게 충분한 정보가 되었다. 그녀는 바로 수강했을 뿐 아니라, 자기 인생의 가장 큰 전환점을 맞게 된 교육이라고 감사함을 표현했다.

'정보가 충분하다'라는 것은 몰입도 있는 대화 과정에 표현되는 수단과 방법을 의미한다. 그래서 그 속에는 사람의 심적인 요소가 대다수를 차지한다. 요즘 심리학 책이 뜨는 데는 다 이유가 있는 듯하다. 하지만 이 또한 고객과 소통하는 과정에 얼마나 제대로 적용되느냐에 따라 결과치는 달라진다.

나의 수강생 대다수는 콜드콜로 브리핑 약속을 잡은 후, 자영업자들의 가게로 찾아가서 소통한다. 이런 방식은 비대면 방식보다 '충분한 정보의 의미'를 경험하기에 효과적이다. 얼굴을 보고 소통하다 보면, 상대의 눈빛과 움직임 하나하나에 정보가 있음을 알게 된다.

이렇게 '충분한 정보의 의미'를 현장에서 경험하고 나면, 고객에게 지식만 전달했던 기존의 방식에서 벗어날 수 있다. 고객이 제품에 대한 지식을 바탕으로 구매하지 않는다는 것을 확인하기 때문이다. 심지어 '지식의 저주'라는 용어까지 등장하지 않았던가?

지식의 저주에 갇혀 있는 영업 사원 대부분은 소통하는 과정에 자신뿐만 아니라 고객까지도 지루하게 만든다. 반대로 고객의 상황에 맞는 현실적인 조언과 정보는 고객을 빠져들게 만든다. 이런 영업인은 마치 판매를 온몸으로 표현하는 예술가와 같다.

사람과 AI의 다른 점이 바로 이런 점이다. AI는 우리에게 필요한 다양한 지식과 정보를 공급해줄 수 있지만, 사람을 대체하지는 못한다. 사람에게 정말 필요한 정보는 공감과 교감에서 나오기 때문이다. 아무리 인간 때문에 지긋지긋하다고 해도 사람은 사람을 원한다. 자신을 궁금해하고 알아봐주는 같은 주파수의 사람 말이다.

나는 영업인뿐 아니라 모든 사람이 '충분한 정보'의 진짜 의미를 알면, 더 많은 기회를 볼 수 있다고 확신한다. 얼핏 보기에 다재다능하고, 말솜씨가 뛰어나며, 다양한 지식을 갖춘 사람이 경쟁력 있어 보일 수는 있다. 그러나 나만이 알고 있는 무엇을 타인에게 전달하는 기술은 또 다른 영역이다. 그리고 이 영역은 경쟁의 영역이 아닌 발굴의 영역이다.

판매과정에서 충분한 정보는 중요하다. 그러나 고객이 필요로 하는 충분한 정보는 생각처럼 복잡하고 어렵지 않다. 고객은 자신의 문제를 해결하는 데 누가 가장 믿음직한 후보인지에만 관심 있을 뿐이다. 이제 충분한 정보에 대한 다양한 관점을 얻었으니, 당신이야말로 고객을 도와주는 데 있어 최적화된 후보자가 아닌가 싶다.

한 번에 훅 꽂히는 촌철살인 TM기술

TM영업으로 억대 연봉 버는 비법

한국에는 '말 한마디에 천 냥 빚을 갚는다'라는 속담이 있다. 말만 잘해도 어려운 일이나 불가능해 보이는 일을 해결할 수 있다는 의미다. 그만큼 말은 중요하다.

말은 한 사람을 알 수 있는 중요한 수단이기도 하다. 그래서 말을 못 하면 상대가 나라는 사람의 가치를 충분히 알아보지 못할 수도 있다. 즉, 말은 언어적 표현을 넘어 자신의 정체성을 보여주는 중요한 수단도 될 수 있다.

말을 잘하는 것은 여러 면에서 유리하게 작용한다. 그러나 가끔은 불리하게 작용하기도 한다. 말로 표현된 정체성과 자신의 진짜 정체성이 일치하지 않는 경우 그러하다. 이중적인 모습을 숨기는 훈련이 잘되어 있다면, 한 번에 들키지 않을 수는 있다.

그러나 자신에게 불리한 상황이 생기면, 그런 사람은 결국 발톱을 드러낸다.

이런 경험을 하기 전까지는 나도 사람들의 말을 진실로 믿었다. 그러나 어느 순간 깨닫게 되었다. '말이 가장 의미 없다'라는 것을 말이다. 그래서 말 기술을 높이는 데만 열심이기보다 말에 표현된 정체성이 되기 위해 힘쓰는 것이 더 현명하다.

영업은 말을 하는 직업이다. 그리고 영업을 잘하려면, '무슨 말을 해야 할지'와 동시에 '무슨 말을 하지 말아야 할지'를 알아야 한다. 그리고 그 말을 어떻게 해야 할지도 알아야 한다. 특히 TM 영업에서는 이런 점을 명심해야 한다. 고객과의 통화 첫 3분 이내의 말이 그 이후 모든 것을 결정하기 때문이다.

유튜브에는 영업에 관한 다양한 콘텐츠가 있다. 나도 한동안 다양한 동영상을 참고하고 현장에서 적용해봤다. 그러나 곧 이론과 현실은 너무 다르다는 사실을 발견했다. 예를 들어 많은 사람이 콜드콜 목소리는 '솔' 톤으로 시작하는 것을 권한다. 나는 이 말을 곧이곧대로 따라 '솔' 톤으로 전화했다. 하지만 대부분 고객은 첫 몇 마디만 듣고 끊어버리기 일쑤였다. 계속 끊기는 전화에 나는 자신감도, 용기도 잃어갔다. 그들이 하라는 대로 했는데 연결이 안 되니 애꿎은 내 한국말 실력을 탓하기 시작했다.

그러던 어느 날, 문득 이런 생각이 들었다. 모든 영업 사원이 '솔'

톤으로 말하도록 교육받으니 고객은 '솔' 톤만 들어도 TM이라는 것을 아는 게 아닐까? 그래서 내가 한 첫 시도는 기존의 틀을 깨는 것이었다. 나는 완전히 저음으로 바꿔서 콜드콜을 시작했다. 내가 저음으로 시작하니 어떤 고객도 처음부터 나를 TM으로 보지 않았다. 그래서 그들은 내 말에 귀를 기울였고, 나는 다음의 말을 이어가기 훨씬 수월했다. 나는 그렇게 순식간에 분위기가 바뀌는 것을 느꼈다.

초보일수록 지푸라기라도 잡는 심정으로 떠돌아다니는 정보를 받아들인다. 그러나 맹목적으로 받아들이다가 나의 소중한 시간을 낭비할 수 있다. 그래서 때로는 합리적 의심과 여러 가지 시도를 해야 한다. 빛깔 좋은 이론과 현실은 너무 다르기 때문이다.

내가 그동안 콜드콜 교육을 하면서 가장 많이 강조했던 부분은 바로 '목적의식'이다. 특히 첫 통화에서 그 목적이 얼마나 선명하냐에 따라 어떤 말을 우선 해야 하고, 어떤 말을 할 필요 없는지 정리된다. TM영업에는 절차가 무엇보다 중요하다. 그리고 각 절차의 목적은 한 개 이상이 되면 안 된다.

예를 들어 처음 통화하는 고객이 있다고 해보자. 그녀와의 첫 통화에서 상품 판매를 시도하는 것은 마치 처음 보는 여자에게 결혼하자고 말하는 것과 같다. 실제로 이런 남자가 있다면 그녀는 어이가 없어 대화조차 하지 않을 것이다. 운이 나쁘면 뺨까지 얻어맞을 신세가 된다.

하지만 처음 통화한 고객에게 오직 커피 한 잔 마실 정도의 짧은 시간을 허락받으려 한다면 어떨까? 아마도 이런 제안은 서로 부담되지 않을 뿐만 아니라 성공 확률도 높을 것이다.

이와 마찬가지로 TM영업도 첫 통화의 목적의식이 명확하면 문제가 되지 않는다. 예를 들어 '방문을 위한 시간 약속' 또는 '다음 브리핑 기회를 얻기 위한 통화 시간 약속'은 합리적인 결론에 꽤 쉽게 도달할 수 있다. 물론 고객의 입장으로 보면 모르는 사람에게 내주는 1분도 아까울 수 있다. 그들은 불필요한 소음에 시간을 내고 싶지 않기 때문이다.

하지만 분명한 목적의식이 있다면 상대의 이런 부담도 충분히 제거할 수 있다. '다음'이라는 기회를 얻기 위해 우리는 어떤 말을 할 수 있을까?

"고객님, 만약 제가 하는 말에 전혀 신뢰가 안 가거나 마음에 들지 않는 것이 있다면 충분히 표현해주세요. 어차피 모든 결정권은 고객님께 있습니다. 부담은 제가 안고 가는 거고, 고객님은 제가 드리는 정보가 기회인지, 소음인지 그것만 판단만 해주시면 됩니다. 정말 아니다 싶으면 그 자리에서 바로 거절하셔도 됩니다. 저는 그런 것에 상처받지 않아요."

그럼 '브리핑 시간 약속'을 성공적으로 얻은 이후의 목적의식은 무엇일까? 모든 영업의 목적은 정해져 있다. 바로 고객의 문제 해결이다. 그러기 위해서는 반드시 거래가 이뤄져야 한다. 내 상품이 고객의 문제를 해결할 수 있다 해도 거래가 성사되지 않으면, 고객은 문제 해결의 기회를 얻지 못하기 때문이다.

그래서 거래는 내가 아닌 고객을 위해 반드시 성사되어야 한다. 만약 당신이 이런 확신조차 없다면, 억대 연봉자는 어려울 것이다. 반대로 이런 목적의식과 확신만 있다면, 어느 분야에서든 원하는 결과를 낼 수 있다. 실제로 나는 뚜렷한 목적의식과 확신으로 내 아내와 결혼할 수 있었다.

나는 몇 년 전부터 모든 수업을 온라인 줌으로 진행한다. 그래서 오프라인에서 수강생을 만나는 일은 극히 드물다. 나를 만나러 오겠다는 고객들에게도 나는 줌 링크를 보낸다. 그들의 시간과 비용을 줄여주는 게 맞다고 생각하기 때문이다.

그런데 작년 가을, 나의 수강생으로 등록한 한 여인이 눈에 들어왔다. 그녀는 매사에 밝고, 긍정적 태도로 임했으며, 무엇보다 나처럼 어려운 환경을 이겨낸 강인한 여자였다. 수강한 지 한 달쯤 된 어느 날, 그녀는 내가 키우는 강아지들을 보러 가도 되냐고 물었다. 평소의 나라면 고객을 오프라인에서 만나지 않지만, 이번에는 왠지 그러고 싶지 않았다. 그래서 그녀에게 안산 문화예술관으로 놀러 오라고 말했다.

오프라인에서 만난 그녀는 예상보다 키가 굉장히 컸다. 나는 너무 긴장되어서 그녀를 직접 보기가 어려울 정도였다. 우리는 강아지 산책 후 카페로 이동해 많은 대화를 했다. 처음 그녀를 만나러 나갈 때는 가끔 커피 한 잔 마시는 친구라도 되었으면 하는 가벼운 목적의식으로 나갔다. 그러나 나는 바로 목적의식을 바꿨다. 직감적으로 이 사람을 절대 놓치면 안 된다고 생각했기 때문이다.

나는 평소의 나답게 나를 투명하게 밝혔고, 진지한 관계에 관한 이야기를 꺼냈다. 만약 나와 사귈 의사가 있다면, 오늘부터 사귀는 게 좋은지, 아니면 기억하기 좋은 날짜로 미뤄서 사귀는 게 좋은지 물었다. 나의 목적의식은 단 하나였다. 시작 날짜와 상관없이 그녀와 사귀는 것이었다.

그리고 나에겐 확신도 있었다. 이런 매력적인 여자에게 어울리는 남자는 몇 안 된다는 것, 그리고 그 몇 안 되는 남자의 자격을 충분히 갖춘 사람이 나라는 것. 나는 이런 확신으로 그녀에게 강하게 어필했고, 그녀는 나의 고백을 받아들였다.

그녀와 사귄 후 나는 또 다른 목적의식이 생겼다. 그녀와의 결혼이었다. 이런 여자를 놓친다면 평생 후회할 거라는 확신과 그녀 또한 나를 놓치면 평생 후회할 거라는 확신이 든 나는 사귄 지 채 일주일이 되지 않아 그녀에게 청혼했다. 그리고 사귄 지 5개월 만에 우리는 부부가 되었다. 현재 우리는 많은 부부가 부러워하는 삶을 살고 있다. 같은 목표를 향하고, 함께 책을 쓰며,

서로 존중하고, 서로에게 귀인이 되는 그런 부부의 삶 말이다.

콜드콜 영업 브리핑도 이와 크게 다르지 않다. 처음에는 브리핑 기회를 얻는 데만 온전히 집중한다. 그리고 브리핑 기회를 얻고 나면 거래가 이뤄지는 데 모든 집중을 해야 한다. 가끔 고객이 나에게 호응을 잘하거나 잘 들어준다고 해도 절대 욕심을 내서는 안 된다.

그리고 목적의식에 맞게 명확히 밝혀야 한다. 배려의 명분으로 돌려 말하는 것은 누구에게도 도움이 되지 않는다.

물론 상대는 나를 거절할 충분한 자유가 있다. 그러나 거절은 피드백에 불과하다. 또한, 모든 고객을 설득해 선택받을 필요도 없다. 거래가 이뤄지기 위해서는 서로의 합이 잘 맞아야 하기 때문이다. 뚜렷한 목적의식과 확신의 힘으로 상대의 마음을 파고드는 경험을 꼭 하길 바란다.

((**5**장))

당신도 억대 연봉
텔레마케터가 될 수 있다

TM영업으로
억대 연봉
버는 비법

TM영업으로
억대 연봉
버는 비법

나의 잠재력과
가능성을 믿어준 사람들

내가 한국에서 살기로 결심한 가장 큰 이유 중 하나는 어머니였다. 어릴 적부터 나는 할아버지, 할머니와 함께 산 기억밖에 없다. 성인이 되어서는 외국에서 홀로 지냈던 시간이 대부분이었다. 어느 순간 나는 어머니가 일하고 있는 나라에서 함께 의지하면서 사는 모습을 상상하기 시작했다. 그리고 곧바로 이런 상상을 현실로 만들었다.

2013년에 내가 처음 한국에 왔을 때 우리 집은 시흥 정왕동에 위치한 작은 원룸 전셋집이었다. 다 큰 성인이 되어 어머니와 한 방에서 사는 게 조금 어색할 수 있다. 하지만 나는 불편한 기색을 낼 틈조차 없었다. 어머니의 기대와는 다르게 나는 어떤 학위도 가지고 오지 못했기 때문이다. 외국에서의 생활비와 학자금을 대주느라 고생한 어머니에게 나는 미안하기 그지없었다.

가끔 밖에서 어머니 지인을 만나면, 그들이 내게 똑같이 하는 말이 있었다.

"자네! 어머니한테 정말 잘해야 돼."

이런 피드백은 지인으로 그치지 않았다. 가끔 이모네 집에 놀러 가면 이모는 어머니가 한국에서 정말 많이 고생했다고 안타까워하곤 했다. 나는 이런 말들을 들을 때마다 어머니에 대한 미안한 마음을 넘어 죄책감까지 들었다.

한번은 내가 어머니에게 물었다.

"어머니! 그토록 아낌없이 저의 교육에 투자하려고 했던 이유가 뭐예요?"

어머니는 한숨을 내쉬며 자신의 어릴 적 이야기를 해줬다. 학교 때 어머니는 공부를 잘하는 학생이었다. 그리고 스케이트 선수 반에 들어갈 정도로 운동도 잘했다. 하지만 어머니는 자기 능력과 기량을 마음껏 펼칠 수 없었다. 늦둥이 막내로 태어난 어머니는 오빠 집에 살면서 학교에 다녔다. 그런데 오빠는 어머니의 스포츠 취미를 못마땅하게 여겼다. 학교 공부하려고 왔으면 공부만 해야 한다고 생각한 그는 결국 엄마가 스케이트 타는 것을 그만두게 했다.

어머니는 고등학교 때 늘 상위권에 있을 정도로 공부도 잘했다. 그래서 당연히 대학에 갈 것으로 생각했고, 어느 대학에 가야 할지 고민했다. 그런데 그 무렵 할머니는 일반 대학보다 직업학교에 가는 것이 직업을 빠르게 얻을 수 있는 길이라고 생각했다.

이런 할머니의 선택을 학교 선생님들은 모두 말렸다. 어머니의 성적이 몇 안 되는 학생만 갈 수 있는 대학 입학 조건에 충분했기 때문이다. 그리고 이것을 포기하는 것은 너무 어리석은 선택이었다. 어렸던 어머니는 미래 진로에 대해 할머니의 말을 따를 수밖에 없었다. 그리고 할머니의 바람대로 어머니는 직업학교에 갔다.

그 당시만 해도 대학을 졸업한 사람이 많지 않았다. 이런 이유로 중국에서는 대학교를 나오기만 해도 좋은 회사에 취직할 수 있었다. 중국 개혁개방 발전에 맞춰 한참 지식인들이 필요했기 때문이다. 이 외에도 대학 졸업자들은 회사에서 쉽게 승진할 기회가 많았다. 어머니는 대학을 나오지 않아 얻지 못한 혜택들을 나중에서야 알게 되었다. 하지만 이미 때는 늦었다.

내가 중국에서 할머니와 지낼 때 할머니는 가끔 어머니에 관한 이야기를 해주셨다. 그리고 어머니 대학에 관한 내용을 회상할 때면 늘 눈물을 흘리셨다. 그 당시 나는 할머니가 왜 우는지 몰랐다. 돌이켜 생각해보니 자신의 잘못된 선택으로 어머니가 대학을 포기한 게 후회가 되어서 우셨던 게 아닌가 싶다.

이런 안타까운 마음이 후대까지 이어지는 것을 어머니는 원하지 않았다. 그리고 무엇보다 한국에서 자신의 현실을 보면서 '아이의 교육에 투자하는 것이 맞다'라고 생각하셨다.

누군가는 성공하기 위해 운의 역할이 8할이라고 말한다. 나 또한 이런 어머니 밑에서 태어난 것이 운의 영역이 아니었나 싶다. 그리고 이런 큰 운이 나의 성장과 발전에 원동력으로 작용했다는 것을 전혀 의심하지 않는다.

나는 5년 전, 한국에서 작가의 꿈을 가지게 되었다. 평범한 사람이 작가가 된다는 것이 쉽게 꿈꿀 수 있는 영역은 아니다. 게다가 나의 모국어가 아닌, 한국어로 책을 쓴다는 것은 내게 큰 도전이었다. 그런데도 나는 언젠가 작가가 꼭 될 거라고 늘 생각했다. 그래서 짧게라도 매일 글을 썼다. 하지만 한국에서 책 한 권을 출판한다는 것은 먼 이후의 일이라고 생각했다.

그런 내가 한국 이민 9년 차에 작가의 꿈을 이루게 되었다. 이 꿈을 이룰 수 있게 된 데에 나의 아내가 얼마나 중요한 역할을 했는지 말하지 않을 수 없다.

나는 내가 가르치는 수강생들의 톡방에 매일 글을 올리는 습관이 있다. 내 아내도 나의 수강생이었고 현재도 그렇다. 그래서 그녀도 매일 나의 글을 읽는다.

그러던 어느 날 아내에게서 문자가 왔다.

"당신은 너무 저평가된 사람이에요. 우리만 보기에 이 글들은 너무 아까워요. 책을 냅시다! 그래서 더 많은 사람을 도와줘요, 아이스! 책 쓰기에 관련된 모든 비용은 결혼 선물로 내가 쏠게요! 멋지게 해봐요!"

그 당시 우리는 매우 짧은 연애 기간을 거쳐 결혼을 했다. 연애 기간까지 다 합쳐도 6개월이 채 안 되었을 시기다. 그런데 한두 푼도 아닌 큰돈을 선뜻 투자하겠다는 아내의 깜짝 선물은 정말 감격스러웠다. 그리고 나는 할 말을 잃은 채 한참 생각에 빠졌다. 나를 이토록 믿어주는 사람이 있다는 것은 정말 행운이 아닐 수 없었기 때문이다.

물론 조금 두려운 마음도 있었다. 무엇보다 외국인으로서 한국에서 책 쓰기란 절대 쉬운 게 아니었다. 게다가 지난 5년 동안 나는 한국에서 책을 쓰려고 이곳저곳에 적지 않은 돈과 시간을 낭비했다. '이번에도 책 쓰기에 실패하면 어떻게 하지?', '아내의 기대에 미치지 못하면 어떻게 하지?'라는 생각도 하게 되었다. 이런 고민도 잠시, 아내의 믿음에 힘입어 나는 책을 쓰기로 굳게 마음을 먹었다.

아내의 제안과 함께 나는 한국에서 책 쓰기 코치로 가장 유명한 분을 찾아냈다. 그는 책 쓰기 출판에 특허를 냈고, 유명한 유튜버 '김도사'로 활약 중이었다. 나는 '일일 책 쓰기 특강'에 우선 참여하기로 결정했다. 공교롭게도 날짜가 아내와의 첫 제주 여행과 겹쳤다. 하지만 무엇 하나 놓칠 수 없기에 우리는 여행 도중 특강을 듣기로 했다. 스벅에서 4시간의 특강을 들은 후 우리는 김도사가 운영하는 한책협(한국책쓰기협회) 카페에 가입했다. 그리고 곧바로 '5주 글쓰기 과정'에 등록했다. 심지어 우리 부부는 함께 책 쓰기에 도전했다. '부부 작가'라는 타이틀을 얻으며, 함께 책을 쓰게 될 거라고 누구도 예상하지 못했다. 하지만 이것은 가장 잘한 선택이었다. 누구에게나 새로운 영역의 도전은 두렵고 어렵다. 그래서 이런 시작을 혼자가 아닌 배우자와 함께할 수 있다는 것이 너무나 기뻤다.

뒤돌아보면, 한국에서 9년의 이민 생활은 나에게 정말 많은 축복을 가져다준 시간이었다. 물론 한국에서 외국인으로 살아간다는 것 자체는 절대 쉽지 않았다. 많은 실패와 좌절의 반복 속에서 꾹 참고 살아야 하는 지루한 시간을 버텨야만 했다. 그러나 이런 시간이 있었기에 내가 세상에서 가장 사랑하는 사람들로부터 믿음을 얻게 되었다.

나의 수강생 대부분은 나보다 나이가 많다. 하지만 나이와 상관없이 그들은 '나의 경험과 성취'에 대한 존경심이 있다. 특히 나의 PCM 교육 프로그램에 대한 신뢰는 시간이 갈수록 더욱 단단해지고 있다. 그들은 하나같이 말한다. 자신의 자녀도 반드시 듣게 하고 싶은 교육이 바로 PCM이라고. 그뿐만 아니라 나의 어머니가 나를 키웠던 방식에 대해서도 매우 궁금해한다. 이것은 우리 가족에게도 큰 영광이 아닐 수 없다.

많은 사람이 자신의 기량을 절반도 펼치지 못하고 산다. 많은 이유가 있겠지만, 가장 큰 원인은 자신을 믿지 못하기 때문이다. 이런 때에 자신을 믿어주는 단 한 사람이라도 있으면 상황은 크게 달라진다.

부모의 믿음과 인정으로부터 시작해 외부에서 얻는 믿음과 인정은 나의 잠재력을 일깨워줬다. 그래서 누구와 함께하느냐가 매우 중요하다. 특히 배우자가 어떤 사람이냐에 따라 운의 흐름이 많이 달라진다.

내가 책 쓰기를 배운 한책협의 김태광 대표님께서도 배우자를 잘 만나야 한다고 늘 강조하신다. 나 또한 동의한다. 나는 아내를 만나 나의 운의 흐름이 빠르게 바뀌는 것을 경험했기 때문이다.

내게는 나의 잠재력에 투자해준 고마운 두 사람이 있었다. 바로 나의 어머니와 아내다. 그리고 그들이 내게 준 믿음 덕분에 나는 짧은 시간에 급격한 성장을 이룰 수 있었다.

만약 당신에게 이런 부모와 배우자가 없다고 해도 포기하지 말자. 내가 나의 일에 최선을 다하며 지루한 시간을 버티면, 반드시 단 한 사람은 나를 믿어줄 것이다. 그리고 그 한 사람의 믿음만으로 우리는 충분히 비상할 수 있다. 그러니 중간에 멈추지도, 포기하지도 말자.

TM영업으로
억대 연봉
버는 비법

미루는 순간 두려움은
2배가 된다

지금까지 나는 수많은 사람과 상담을 해왔다. 그들은 내가 그들의 문제를 해결해주길 바라는 희망을 갖고 내게 연락한다. 하지만 그들은 의심도 함께 가지고 온다.

근력운동을 위해 비싼 트레이너를 고용한다고 가정해보자. 매주 고강도 훈련을 통해 근력이 생기고, 멋진 몸을 갖게 될 것이다. 하지만 이런 변화를 위해 선뜻 결정하지 못하는 이유가 있다면 무엇일까? 돈이 없어서? 코치의 능력을 믿을 수 없어서? 아니면 배우자가 하지 말라고 해서? 이 모두 정답이 될 수 없다. 이런 이유는 보통 핑계에 불과하다.

단순히 근력을 높여 이쁜 몸매를 만드는 것은 인생의 우선순위가 아닐 수도 있다. 하지만 이런 결과를 만들 수만 있다면 많은 이점을 얻게 된다. 사람들에게 인정받는 것은 물론, 살아가는 데 좀 더 자신감을 가질 수 있다. 그리고 건강한 삶을 유지할 수 있다. 무엇보다 나 자신을 더욱 사랑하게 된다.

누구나 이런 결과를 원한다. 하지만 막상 시작하려니 막연하고 어려워 보인다. 무엇보다 큰돈을 쓰려고 하니 두려움도 생긴다. 시작했다가 중도에 포기할까 봐 걱정도 된다. 또는 고통을 견디는 것에 좀처럼 인내심이 없을 수도 있다. 이렇게 할 수 없는 이유를 찾다 보면 끝이 없다. 결국 이 모든 것은 핑계에 불과하다. 그리고 이런 핑계는 모두 자신이 해낼 수 없다고 믿는 데서 비롯된다.

경제적인 문제에 대해서도 이와 같은 맥락이다. 오랫동안 경제적으로 시달리다 보면, 사람은 자신의 선택에 대해 의심이 들기 시작한다. 이런 의심은 자신이 앞으로 경제적으로 크게 성공하지 못할 거라 믿는 것과 같다. 이런 이유로 경제에 관해 더욱 소홀해지게 된다. 하루 종일 바쁜 일정을 소화해내는 데 급급하다 보니 중요한 의사결정을 자주 미루게 된다. 결국 시간이 갈수록 경제적인 문제는 점점 커진다. 그뿐만 아니라 경제적인 어려움 때문에 다른 치명적인 결과도 초래하게 된다.

K는 내가 오래전부터 알던 친구다. 처음 내가 한국에 정착했을 때 우리는 서로 의지하면서 자주 통화하곤 했다. 나는 내가

영업을 하면서 읽고, 도움을 받았던 책을 자주 소개해줬다. 하지만 그는 업무 때문에 바쁘다는 이유로 계속 책을 읽지 못했다. 그는 코앞에 닥친 급한 일을 하느라 중요한 일을 놓치고 있었다. 시간이 흐르면서 그는 회사생활에 점점 지쳤고, 주변에서 투자 관련 다양한 제안이 들어왔다.

평소 그는 성실하게 자기 일만 열심히 했던 친구였다. 투자에 관한 경험은 전혀 없었고, 투자 관련 책도 읽은 적이 없었다. 하지만 투자 관련 제안은 지쳐 있던 그에게 유일한 희망이 되었다. 투자 대비 돌아오는 이익이 무려 30% 가까이 된다는 것에 그는 솔깃할 수밖에 없었다.

그는 이렇게 가난에서 벗어날 수 있을 거라 기대했고 적극적으로 투자를 시작했다. 초반에 그는 돈을 좀 버는 것 같았다. 그리고 나에게도 자신의 통장을 보여주면서 돈을 쉽게 불릴 수 있다고 투자를 제안했다. 하지만 나는 그의 제안을 거절했다. 나의 원칙상 모르는 분야에는 절대 돈을 넣지 않기 때문이다.

얼마 후 나는 그가 경제적으로 더욱 어려워졌다는 소식을 듣게 되었다. 그는 자신이 그동안 회사생활을 하면서 모은 돈을 모두 잃었다. 그뿐만 아니라 추가적인 대출까지 해서 빚까지 끌어안게 되었다.

나는 그의 상황이 너무 안타까웠지만, 그를 돕는 데 더욱 한계를 느꼈다. 그는 빚을 갚기 위해 회사생활 이외에도 더 많은 일을 해야만 했다. 노동의 시간이 길어지니 그에게 꼭 필요한 책을 읽을 시간은 더욱 없어졌다. 결국 그는 돈을 잃었을 뿐만 아니라 자신을 발전시키기 위한 투자의 시간 또한 잃었다. 그렇게 그는 자유로운 삶으로부터 멀어져 갔다. 그는 자신의 이런 선택에 대해 깊은 후회를 했지만, 시간을 되돌릴 수는 없었다.

이런 사례들은 주변에서 흔히 찾아볼 수 있다. 왜 많은 사람이 비슷한 실수를 반복적으로 하는 것일까? 모르기 때문이다.

사람이 갖는 경제적 두려움은 결국 경제에 대한 무지에서 온다. 많은 사람은 경제가 어떻게 작용하는지 그 생태계를 모르기 때문에 두려워하는 것이다. 그리고 그 두려움에서 빨리 벗어나고 싶은 마음에 유혹적인 길을 선택하는 것이다.

나의 친구의 경우 처음부터 그가 책을 읽을 시간이 없었던 것은 아니다. 다만 그는 책에 대한 필요성을 크게 느끼지 못했다. 책을 읽는다고 당장 그의 경제 상황이 나아지지 않으니 굳이 어렵게 살고 싶지 않았던 것이다. 그래서 평소에 열심히 살아온 것과 상관없이 그는 다양한 유혹을 뿌리치지 못했다. 그렇게 그는 평생 모아온 돈을 한순간에 잃게 되었다.

나를 찾는 고객 중 몇몇은 수년 동안 나의 유튜브 구독만 하고 있던 사람들이다. 이들은 모두 수업 참석 몇 번 만에 자신의 늦은 선택을 후회한다. 이런 교육을 더 일찍 접할 수 있었다면, 그동안 그렇게까지 방황하지 않았을 거라고 말한다. 그들은 이런 정보와 지식을 알았더라면 이런저런 돈을 잃지 않았을 거라고 후회했다.

놀라운 것은 이들이 더 일찍 나에게 연락하지 못한 이유가 모두 비슷하다는 것이다. 그것은 바로 '내가 과연 할 수 있을까?'라는 자신에 대한 불신이었다. 그들 모두는 자신에 대한 확신이 없었다.

세상에는 다양한 두려움이 존재한다. 누군가는 높은 곳에 올라가는 것을 두려워하고, 누군가는 벌레를 두려워한다. 누군가는 많은 사람 앞에서 말을 하는 것을 두려워하고, 누군가는 고객에게 전화하는 것을 두려워한다.

생계와 큰 상관이 없는 두려움의 대상은 피하면 그만이다. 하지만 고객과의 전화, 새로운 명단의 개척은 영업인들에게 피할 수 있는 대상이 아니다. 안타까운 것은 많은 사람이 제대로 된 교육을 통해 그 두려움을 이겨내려고 하지 않는다. 그들은 반짝이고, 좋아 보이는 또는 쉬워 보이는 길을 선택 한다. 그러나 나에게 쉽고 좋아 보이는 길은 남들에게도 쉽고 좋아 보인다. 많은 사람이 불나방처럼 우르르 몰려가니 모두 똑같은 목소리, 똑같은 표현, 똑같은 방법을 사용해 경쟁한다. 자연스럽게 경쟁률은 높아질 수밖에 없고, 모두가 승자가 될 수는 없다. 그렇게 많은 영업인이 소수의 들러리가 되어 일한다.

TM영업을 잘한다는 것은 단순히 말을 유창하게 하는 것이 아니다. TM영업은 고객과 제대로 거래가 이뤄지기 위한 우선순위 절차를 이해하는 데서부터 시작된다. 나의 수강생 대부분 콜드콜을 할 당시는 두렵지만, 고객과 만나면 그들로부터 칭찬과 신뢰를 받는다고 한다. 왜 그럴까? 똑같은 상품을 구입하더라도, 고객은 용감한 사람을 선호하기 때문이다. 보통 고객은 상대가 실력이 있다는 이유만으로도 더욱 안심하게 된다.

고객의 선택을 받는 것은 이성의 선택을 받는 것과 크게 다르지 않다. 용기 있는 자가 미녀를 차지한다는 말이 있듯이, 고객은 단순히 저렴한 가격에 지갑을 열지 않는다. 그들은 상품을 결제하는 것을 넘어 상대의 태도에 더 큰 관심을 갖는 것 같기도 하다. 상품에 포함된 다양한 가치에 따라 고객들의 만족이 달라지기 때문이다.

물론 이런 기술이 한 번에 익혀지는 것은 아니다. 특히 콜드콜 초반에는 전화만 보고 있어도 두려울 수 있다. 나 자신도 처음 콜드콜을 할 때 전화만 붙잡고 멍하게 앉아 있은 적도 있다. 하지만 이런 두려움은 시간이 지난다고 저절로 해결되지 않는다. 오히려 시간이 추가될수록 두려움은 더욱 커진다. 두려움이 커지니 계속 미루게 되고, 미룰수록 두려움의 크기는 더욱 커진다. 악순환의 반복인 것이다.

이런 일을 혼자 감당해내기는 너무 어렵다. 사람은 혼자 있으면 많이 나약하고 게으르기 때문이다. 그래서 PCM 수강생들은 서로의 실적을 카톡방에 공유한다. 누구에게는 자극과 용기를 줄 수 있고, 누구에게는 게으름을 물리치는 묘약이 될 수 있다. 이렇게 서로 응원하는 문화는 그들이 어떤 커뮤니티로 가도 그들의 정체성이 될 것이다. 그리고 그들 스스로 응원하는 문화를 만들어갈 것이다. 그들은 세일즈맨에서 그치는 것이 아니라 세일즈리더로 빠르게 성장하는 것이다.

두렵다는 것은 그 분야에 대해 잘 모른다는 뜻이다. 잘 모르니 두렵고, 두려우니 미루는 경우가 대부분이다. 누군가는 콜드콜이 시대에 뒤처진 일이라고 생각할 수도 있다. 그러나 그들이 과학적 프로세스로 콜드콜을 해봤을까? 그들 대부분은 주먹구구식으로 잠시 하다가 실패의 경험을 가진 사람들이다.

나는 누구의 말이 맞고 틀리다에 관심이 없다. 누구나 자신만의 믿음을 가지고 있기 때문이다. 한 사람의 인생은 방향성에 따라 믿음도, 목적도 모두 다른 것처럼 보인다. 하지만 결국 모든 사람이 최종적으로 바라는 것은 행복이다. 그리고 그 행복은 결코 두려움 때문에 미뤄져서는 안 된다. 우리가 지구 별에 머무는 시간은 한정적이기 때문이다. 이 점을 명심하자!

당신도 억대 연봉 텔레마케터가 될 수 있다

TM영업으로 억대 연봉 버는 비법

　스물세 살의 나는 호주에서 처음으로 영업의 세계에 발을 딛었다. 그 당시 나는 성공해보겠다는 욕망과 함께 배움에 한참 목말라 있었다. 그래서 그 갈증을 채우기 위해 많은 동기부여 영상을 보고 책을 읽었다. 그리고 늘 더 나은 동기부여 강사가 없나 찾아보곤 했다. 다행히 나는 영어, 중국어, 한국어 모두 가능했기에 남들보다 더 많은 강의에 접근할 수 있었다.

　하지만 이런 강의가 나의 영업 실적에 직접적으로 연결되지는 않았다. 언젠가 나도 원하는 수입을 벌 것이라는 믿음으로 무조건 버티는 것이 맞나 혼란스러운 때도 많았다. 나는 나의 열정이 식어 버릴까 봐 두려웠고, 그 열정을 유지하기 위해 계속 새로운 강의를 찾아다녔다.

이런 식으로 영업을 진행하는 데는 한계가 있었다. 동기부여가 당장 나의 불안한 마음을 안정시킬 수는 있으나 측정 가능한 뭔가를 진행하게 하지는 못했기 때문이다. 그리고 이렇게 시간을 보낸다고 해서 언젠가 성공할 거라는 확신도 없었다. 단기적인 변화 없이 장기적인 변화는 절대 없기 때문이다.

나는 나의 문제를 해결해줄 그런 방법을 간절히 원했다. 하지만 좋아 보이는 것들은 좋아 보이는 데서 끝날 뿐 현실과 잘 연결이 되지 않았다. 그렇게 나는 7년을 헤맸다.

TM영업에 관해 지난 수년간 코칭을 하면서 내가 알게 된 것이 있다. 나의 수강생들 또한 과거의 내가 했던 고민과 같은 고민을 여전히 하고 있다는 것이다.

현재 나는 다양한 직종에 종사하는 사람들을 코칭하고 있다. 작가로 활동하고 있는 사람, 평범한 주부로 육아를 하는 사람, 미용실을 운영하는 사람, 네일샵을 운영하는 사람, 인테리어를 하는 사람, 무역업을 하는 사람, 영어학원을 운영하는 사람, 배우로서 활동 중인 사람, 그리고 이미 억대 연봉을 달성한 사람 등 매우 다양한 사람들이 나와 함께하고 있다.

이렇게 다양한 업종의 사람들이 나를 찾아오는 이유는 단 하나다. 바로 경제적 변화다. 그들은 자신의 외로움을 달래기 위해 나를 찾아오지 않았다. 또는 자신을 응원해주고 위로해주는 사람이 필요해 나를 찾아오지 않았다. 그들이 나를 찾아온 유일한 이유는 경제적인 변화뿐이다. 이들에게 무엇보다 절실한 변화는 더 많은 돈을 벌 방법을 터득하고 자신의 것으로 만드는 것이다.

　L은 나의 수강생 중에서도 가장 젊은 20대다. 그가 나에게 TM 영업에 관해 문의했을 당시 그의 경제적 상황은 매우 좋지 않았다. 아버지가 하던 사업이 부도나면서 은행 잔고가 조금만 쌓여도 금세 돈이 빠져나간다고 했다. 이런 상황을 벗어나기 위해 그는 본업 이외에 추가로 영업 일을 시작했다. 하지만 아무리 교육받고 책을 읽어도 그의 실력과 실적은 나아지지 않아 내게 연락했다.

　그가 TM영업에 관해 배우기 시작했을 때 그의 결과는 그리 좋지 않았다. 하지만 그는 꾸준한 연습을 통해 고객들의 거절을 처리하는 소통법을 터득했다. 이렇게 한두 달 흘러가더니, 그는 점점 자신감을 가지게 되었다. 그의 주변 사람들은 어떻게 사람이 이렇게 단기간에 변할 수 있는지 궁금해했다.

　그는 PCM 수강생들과 나의 응원에 힘입어 더 큰 도전을 결심했다. 작은 지방에서 익숙한 삶을 사는 것이 편할 수는 있다. 하지만 큰 발전은 없을 거라는 것을 그는 알았다. 그는 자신의 잠재력과 한계를 시험해보고 싶었다. 그래서 서울로 이사를 했다.

　그는 여러 마케팅 회사에 이력서를 넣었고, 6개의 회사에서 인터뷰가 잡혔다. 놀라운 점은 면접을 보는 동안 자신이 면접을 이끌었다는 것이다. 그는 자신이 그 회사와 면접관들을 면접 본다는 마음으로 인터뷰에 응했다. 그래서 무려 1시간 면접을 진행하기도 했다.

그 결과 6개 회사 모두로부터 러브콜을 받았다. 그중 자신이 가장 만족스럽게 면접을 진행했던 한 회사를 선택해 출근했다. 마케팅 TM회사인 만큼 선임은 정형화된 스크립트를 주며 알려주는 대로 하라고 했다. 하지만 그는 PCM에서 배운 자신만의 방식으로 콜드콜을 진행했다. 그리고 출근 첫날부터 계약을 따내기 시작했다. 선임은 가르쳐주는 대로 하지 않는다며 그를 염려했다. 하지만 1년이 지나야 낼 수 있는 결과를 내는 그에게 더이상 누구도 관여하지 않았다.

동료들은 신기한 눈으로 그를 바라보며 자신에게도 방법을 알려달라고 했다. 하지만 아무리 그가 방법을 알려줘도 동료들은 같은 결과를 내지 못했다. 왜 결과가 다른지 궁금해진 그는 동료들을 관찰했다. 그들은 승자의 심리로 전화하지 않는다는 것을 알게 되었다. 그는 PCM의 교육으로 코어가 단단해졌기에 승자의 심리를 갖게 되었고, 그래서 자신과 동료들의 결과가 다르다고 말했다. 이런 승자의 심리를 20대에 얻었으니 그의 앞날이 참으로 기대된다.

그동안 나는 수많은 수강생의 문제를 단번에 해결할 수 있었다. 그리고 그들 또한 고객의 문제 해결을 효과적으로 해줄 수 있었다. 이 모든 것이 가능했던 것이 바로 TM영업이다. 왜냐하면 콜드콜은 성과를 당장 측정할 수 있기 때문이다.

콜드콜 몇 번만 해봐도 나의 부족한 점을 곧바로 알 수 있다. 말을 잘못하면 곧바로 상대와 대화할 수 있는 기회가 상실된다. 그렇다 보니 말에 대한 민감도를 높여 집중하게 된다. 어떤 말을 해야 할지, 하지 말아야 할지 분별력이 생기게 된다. 물론 고객은 듣는 것도 중요하지만, 보는 것을 중요하게 생각한다. 그래서 나는 수년간 TM영업에 정말 필요한 도구 하나를 추천하기 시작했다. 그것이 바로 동영상 마케팅이다. 그동안 내가 유튜브를 해온 이유이기도 하다.

유튜브는 과거 텔레비전을 대체했다. 그리고 지금 텔레비전은 과거 라디오가 되어버렸다. 그만큼 시대는 빠르게 변하고 있다. 처음 유튜브가 등장했을 때는 지금처럼 많은 영상이 없었다. 하지만 불과 20년도 채 안 되어 이제는 하루에도 수백만 개의 영상이 올라오고 있다. 이런 일은 우리와 어떤 상관이 있을까?

유튜브는 우리 일상에서 더 이상 떼려야 뗄 수 없는 매체가 되었다. 하지만 유튜브라는 도구를 가지고 돈을 벌고 있는 사람은 극히 소수다. 나도 전에는 유튜브를 통해 단지 많은 정보를 얻기만 했다. 그러나 어느 순간 나는 이런 소비자로 그치지 않고 많은 동영상을 찍어 올렸다.

사람은 내가 가진 것을 줄 때 행복하다. 유튜브는 내가 아는 것을 남들에게 나눌 수 있는 최고의 도구다. 그리고 이런 과정은 단순히 나눔에서 그치지 않는다. 동영상의 개수가 많아질수록 나의 말발도 늘었기 때문이다.

처음에는 카메라 앞에서 영상을 찍는 것이 정말 불편했다. 한 주제를 가지고 영상을 수십 번씩 찍고 지우기를 반복했다. 그러다가 겨우 하나씩 올렸다. 지금은 카메라가 마냥 좋기만 할 정도로 카메라 앞에서 말하는 것이 자연스럽다.

누군가는 '지금 시작하는 게 너무 늦은 거 아닌가?'라고 생각할 수도 있다. 당신이 어떤 목표를 갖느냐에 따라 저 질문의 답은 달라질 것이다.

나도 한때는 유명 유튜버가 되고 싶은 기대감으로 동영상을 찍어 올린 적이 있다. 하지만 지금의 나는 유튜브에 관해 조금 다른 관점을 가지고 있다.

유튜브는 나에게 있어 하나의 명함일 뿐이다. 유튜버가 되고 싶어서 유튜브를 하는 것이 아니라, 동영상으로 나의 분신을 만들어 나를 찾는 고객에게 동영상 명함을 보여주기 위한 것이다. 종이 명함보다 동영상 명함은 고객에게 좀 더 친근하게 다가갈 수 있기 때문이다.

TM영업을 통해 나의 목소리만 듣고 나를 판단하기에는 부족하다. 그래서 동영상을 통해 내가 어떤 사람이고, 어떤 사람들과 어울리며, 어떤 일을 하는지 보여주는 것은 상대방이 나를 파악하기에 충분한 정보가 될 수 있다. 즉 유튜브는 나의 정체성을 투명하게 노출하는 것이 목적이 되어야 한다.

그리고 유튜브 명함의 또 다른 장점은 내가 잠자고 있을 때도 그들은 나를 보고 있다는 것이다. 그들이 나를 많이 볼수록 나는 그들에게 친근한 존재가 될 수밖에 없다. 그래서 유튜브 명함은 어떠한 명함보다 강력하다.

나는 유튜브 구독자를 키워서 얻는 소득보다 TM영업을 통해 얻는 소득이 더 빠르고 확실하다고 생각한다. 그래서 잠재 고객과 신뢰를 구축하기 위한 목적으로 유튜브 명함을 만드는 것은 단기적인 결과에 도움이 된다고 생각한다.

실제로 나의 수강생 대부분은 자신의 유튜브 채널을 운영하고 있다. 어떤 수강생은 잠재 고객을 찾아가서 직접 인터뷰를 진행하기도 한다. 또 어떤 수강생은 자신의 상품과 서비스를 홍보하기도 한다. 그리고 어떤 수강생은 자신이 콜드콜을 진행하는 모습을 녹화해서 올리기도 한다.

지금 이 순간에도 누군가는 성과를 내고 있고, 누군가는 그러지 못하다. 당신이 이미 만족스러운 성과를 내고 있다면 이 책을 집어 들지 않았을 것이다. 우리가 지금껏 만든 성과와 다른 결과를 원한다면 전략을 수정해야 한다.

TM영업을 통해 얻게 되는 단기변화는 이미 증명되어 있다. 그리고 단기에 이룰 수 있는 성공에는 효과적인 전략이 필요하다. 그 전략을 보완할 수 있는 도구가 있다면 더욱 빠른 성과로 이어질 수 있다.

우리는 유튜브를 통해 일상을 기록하는 것을 넘어 고객들에게 동영상 명함으로 활용할 수 있다. 이렇게 남들과 다른 방식으로 나만의 영업을 할 때 잠재 고객들의 주목을 받는다. 그리고 고객과의 신뢰가 쌓일수록 당신의 연봉은 높아진다. 우리 모두는 억대 연봉 텔레마케터가 될 수 있다. 당신이 진심으로 경제적 변화를 원한다면 말이다.

지금 쓰고 있는 시간이
당신의 미래다

**TM영업으로
억대 연봉
버는 비법**

억만장자 워런 버핏은 인생에서 꼭 익혀 둬야 할 기술이 바로 소통기술이라고 언급한 적이 있다. 왜 그는 많고 많은 기술 중 '소통기술'을 말했을까?

모든 사람은 성공한 삶을 원한다. 그래서 좋은 대학에 가려고 애를 쓴다. 하지만 좋은 대학을 나오는 것이 무조건 좋은 삶으로 연결되는 것은 아니다. 학벌이 내 인생 전체를 책임져 주지는 않는다.

하지만 세일즈는 다르다. 내가 세일즈 능력을 갖추면 내 인생 전체를 책임져 준다. 안타깝게도 이 사실을 아는 사람이 많지 않다. 나 역시 마찬가지였다. 주변의 누구도 내게 세일즈가 무엇인지, 왜 세일즈를 배워야 하는지, 세일즈를 배우면 어떤 삶을 살수 있는지 가르쳐 준 적이 없었기 때문이다.

세일즈는 인간의 모든 소통방식을 완전히 다른 관점으로 해석하게 만들어준다. 세일즈를 잘하면 자녀 교육과 자녀와의 소통에도 도움이 된다. 그뿐만 아니라 부부 사이의 소통도 더욱 원활해진다. 거래처와 협상을 시도할 때 상대가 숨기고 있는 의미도 빠르고 쉽게 파악하게 된다. 물건을 팔 때, 특히 공급자와 소비자 사이에 오가는 오해와 생각의 차이를 좁혀 나가는 데도 세일즈 기술이 적용된다.

이처럼 삶의 모든 순간에 세일즈 기술이 적용된다. 그리고 윤활유처럼 삶이 부드럽게 작동하도록 도와준다.

내가 세일즈 코치가 된 이유는 나를 도와줄 수 있는 사람이 없었기 때문이다. 나는 나의 문제를 해결해줄 수 있는 누군가를 찾기 위해 수많은 강의와 책을 접했다. 그러면서 알게 된 하나의 사실은 대한민국 영업 사원들이 대부분 주먹구구식으로 영업을 한다는 것이다.

방송에서 나름 톱 세일즈 코치라고 자칭하는 사람들도 모호한 개념을 포장해 그럴싸하게 세일즈를 가르쳤다. 그들의 이야기를 들으면 이해는 되는데, 그래서 내가 실전에서 어떻게 해야할지 세부적이고 명확한 지침이 보이지 않았다.

축구를 아무리 잘해도 축구 감독으로 출세한다고 장담하지는 못한다. 그렇듯이 세일즈를 잘하는 것과 세일즈를 잘하도록 제자를 가르치는 것은 완전히 다른 게임이다. 이런 차이를 잘 모르고 하면 오히려 역효과가 날 수도 있다.

나는 중국, 말레이시아, 호주에서 댄서로 활동한 적이 있다. 거울을 보고 알아서 묵묵히 안무를 만들거나, 안무를 익히면 되는 일이었다. 댄서의 일은 나에게는 정말 쉬운 일이었다. 하지만 댄서와 댄스강사는 매우 다르다.

내가 호주에서 댄스강사로 일을 시작했을 때 내가 해왔던 대로 하면 된다고 가볍게 생각했다. 하지만 모든 수업 과정을 모국어가 아닌, 영어로 진행해야 했기에 언어 장벽에 1차적으로 부딪혔다. 일상적인 영어를 하는 것과 동작의 디테일함을 영어로 설명하는 것은 매우 달랐기 때문이다.

게다가 몸치 수강생도 포기하지 않고 따라올 수 있도록 적절한 타이밍에 동기부여까지 해야 하니 산 넘어 산의 느낌이었다. 1시간 수업을 마치고 나면 편안한 장소로 가서 쉬고 싶었지만 그럴 수도 없었다. 수강생들은 수업이 끝나면 내게로 모여들었다. 그래서 나는 수강생들과 더욱 활발하게 소통해야만 했다. 마치 한 커뮤니티의 리더가 된 것처럼 사람들을 이끌어야 할 책임이 자동으로 부여되었다.

안무가 너무 쉽거나 어려워도 다음 수업의 참석 인원수에 영향을 끼쳤다. 그래서 나는 수강생들과의 소통으로 안무의 난이도를 조절했다. 만약 내가 이런 일을 지속적으로 잘 해내지 못하면 수강생은 반토막이 나거나, 아예 1명도 안 올 수도 있었다.

이것은 나의 생계에 직접적인 영향을 주는 일이었기에 나는 수강생과의 소통을 게을리할 수 없었다.

　나는 긴장하면 자주 화장실에 가는 습관이 있었다. 수업하기 5분 전까지도 화장실에 드나들었던 기억이 아직도 생생하다. 그 당시 스물세 살이었던 내가 의존했던 것은 베스트셀러 작가이자 동기부여가인 토니 로빈스(Tony Robbins)의 오디오와 동영상뿐이었다. 우연히 호주에서 토니 세미나에 참석하고 영감을 받았다. 나는 수업할 때 앵무새처럼 그를 따라 했다. 그처럼 수강생들에게 열정을 전달하고 가르쳤다. 약 6개월 동안 그렇게 열정을 뿜어대면서 가르치다 보니 수강생도, 나도 서로에게 적응한 듯했다.

　초반에 내가 일했던 댄스학원에서는 10평도 안 되는 룸을 빌려주면서, 딱 3명의 수강생만 가르치도록 허락해줬다. 그러나 얼마 지나지 않아 가장 큰 룸으로 나의 클래스를 옮겼다. 그리고 그 큰 룸은 항상 수강생들로 가득 찼다. 그 당시 호주 멜버른에서 가장 인기 있는 K-pop 방송 댄스강사로 나의 명성이 알려지면서 홍콩, 말레이시아, 싱가포르, 베트남에서도 직접 내 수업을 들으러 왔다.

　내가 이런 결과를 낼 수 있었던 것은 '댄서의 역할'과 '댄스강사의 역할'을 다르게 해냈기 때문이다. 나는 '혼자서 춤을 잘 추는 것'과 '누군가 춤을 잘 추게 만드는 것'은 완전히 다른 게임이라는 것을 정확히 인지했다. 그리고 댄스강사라는 새로운 역할을 해내기 위해 내게 필요한 것들을 채워 나갔다.

물론 기질적으로 사람을 이끄는 힘이 있었기에 가능했던 것도 인정한다. 하지만 중요한 것은 나의 역할이 무엇인지 제대로 인지하는 데서 모든 것이 시작된다는 것이다.

한국에서 세일즈 코치가 된다는 것은 생각보다 쉽지 않다. 하지만 예술과 비즈니스 분야가 완전히 다른 듯해도 맥락은 비슷하다. 훌륭한 댄서가 훌륭한 댄스강사로 출세한다는 보장이 없듯이, 훌륭한 세일즈맨이 훌륭한 세일즈 코치로 출세한다는 보장도 없다.

이 세상에 세일즈를 잘하는 사람은 많다. 하지만 누군가에게 세일즈를 잘하도록 가르치고, 제대로 코칭하는 사람은 많지 않다. 마치 베스트셀러 작가는 많지만, 누군가를 빠르게 작가로 만들고 키워내는 사람은 극히 소수인 것과 마찬가지다.

세일즈는 말을 잘하는 특별한 사람의 전유물이 아니다. 물론 태생적으로 말을 잘하는 사람은 세일즈 기술을 높이는 데 유리할 수는 있다. 하지만 그런 사람이 누군가를 코칭한다면 본인도, 상대방도 더 애를 먹을 수 있다.

두 학생이 있다고 가정해보자. 한 학생은 머리도 안 좋고 공부도 싫어한다. 그러다 어떤 계기로 결심을 해서 스스로 공부를 잘하는 방법을 터득했다. 그리고 자랑스럽게 서울대에 입학했다. 다른 한 학생은 태어나길 머리도 좋고 공부도 싫어하지 않는다. 그는 늘 공부를 잘했고 예상대로 서울대에 입학했다. 만약 두 학생 모두 코치가 되어 누군가를 가르친다면, 누가 더 코칭을 잘할 것 같은가? 또는 코칭을 하는데 누가 유리할 것 같은가?

당연히 '전자'다. 머리도 안 좋고, 공부를 싫어했던 학생은 대부분 학생의 입장과 심정을 잘 이해한다. 그들과 같은 경험을 했었기 때문이다. 그래서 그는 조급해하거나 윽박지르지 않고 학생들을 기다린다. 그들의 눈높이에 맞춰 그들을 가르치는 것이다. 그러나 타고나길 머리가 좋고 공부를 잘했던 학생은 대부분 학생을 이해할 수 없다. 그래서 그는 그들이 단지 게으를 뿐이라고 비난한다. 그러면 학생들은 원래도 없던 공부의 흥미가 더 떨어지고 주눅이 든다.

나도 처음부터 세일즈를 잘하지는 못했다. 세일즈의 개념조차 제대로 터득하지 못한 채, 주먹구구식으로 일했던 시간이 무려 7년이나 된다. 세일즈를 배워보려고 타고난 듯 잘하는 사람을 따랐으나 나에게는 전혀 도움이 되지 않았다. 그가 잘하는 것과 내가 잘하게 되는 것은 엄연히 다른 영역이라는 사실을 시간이 지나면서 깨닫게 되었다.

다행히 나는 3개 국어를 할 수 있다. 그뿐만 아니라 엄청난 돈과 시간을 들여 세계적인 세일즈 구루들의 강의를 수강하고 연구했다. 그러면서 내가 했던 수많은 실수를 깨닫게 되었다.

　나는 잘못된 주먹구구식의 영업으로 성공하지 않은 것이 오히려 다행이라는 생각도 했다. 내가 운이 좋아 주먹구구식의 방법으로 성공했다면, 나 또한 많은 사람에게 그 방식을 가르쳤을 것이다. 이것은 나도 모르게 누군가의 시간과 돈을 낭비하게 만드는 짓이다. 내가 누군가에게 그러한 피해를 주지 않아서 참으로 다행이다.

　많은 시행착오를 겪고 나면 나뿐만 아니라 타인에 대한 동정심도 생긴다. '내가 했던 실수를 얼마나 많은 사람이 아직도 반복하고 있을까?'라는 생각을 하면 정말 안타깝다. 내가 했던 것처럼 주먹구구식으로 영업을 하면, 한 개인이 적게는 월 수백만 원에서 수억 원을 잃게 되는 셈이다.

　이때 무엇이 잘못되었는지 인지하도록 문제를 찾아 주고, 진단해주기만 해도 실적은 급속도로 개선된다. 게다가 제대로 된 세일즈 기술을 터득하게 되면, 기존의 에너지를 50%도 안 쓰고 그 이상의 소득을 만들 수도 있다.

　내가 인정받는 세일즈 코치가 될 수 있었던 가장 중요한 이유는 나의 정체성이라고 생각한다. 한 사람의 진심을 알고 싶으면, 그 사람이 어디에 돈을 가장 많이 지출하는지 보면 된다.

　최고의 코치가 되기 위해 내가 교육에 지출한 돈은 나의 통장

내역에 고스란히 남아 있다. 주변 사람들은 내가 하는 일이 도무지 이해가 안 된다며 그냥 미쳤다고 말했다. 그들은 이제 장가도 갈 나이인데, 버는 족족 모든 돈을 교육에 재투자하면 언제 돈을 모으냐고 걱정 어린 시선으로 나를 바라봤다.

그들의 걱정이 무색하게 나는 수강생으로 온 아내를 만나 결혼했다. 게다가 이렇게 완벽해도 될까 싶은 그녀의 도움으로 더 빠른 성장을 하고 있다.

수많은 두려움과 갈등을 극복하려고 내가 했던 일은 세계적인 멘토들의 책과 오디오, 동영상을 머리에 계속 주입한 것이다. 나는 대한민국 최고의 세일즈 코치가 되겠다는 꿈을 다른 누구에게도 빼앗길 수 없었다. 이런 믿음과 목표 덕분에 어느 순간 나는 주먹구구식의 세일즈를 하지 않게 되었다. 그리고 내가 가르치는 수강생들도 이런 원칙을 깨닫고 단기간에 훌륭한 결과를 내게 되었다.

나는 고졸 학벌에 아무것도 없이 한국으로 왔다. 나이도 어리고, 돈도 없었다. 말도 잘 못 했다. 게다가 성격도 내성적이었다. 그러나 나는 포기하지 않고 끝까지 탐구하고 찾아냈다. 그리고 지금은 내가 꿈꾸고 있는 미래에 조금 더 가까워졌다. 나뿐만 아니라 나를 믿고 따르는 사람 모두가 날로 성장하며 성공하고 있기 때문이다.

나는 최고의 세일즈맨 출신은 아니다. 하지만 1의 의심도 없이 대한민국 최고의 세일즈 코치가 될 것이다. 지금껏 그래왔듯이 나는 오직 고객 성공을 목표로 코칭하기 때문이다. 이것은 나의 사명이고 나의 끝점이다.

세일즈를 하면서 돈을 많이 버는 사람은 당신 주변에도 많을 것이다. 그리고 앞으로도 많을 것이다. 하지만 그들이 돈을 잘 버는 것과 당신이 돈을 잘 버는 것은 별개의 일이다. 많은 사람은 그 사람이 돈을 번 방식을 그대로 따라 하면, 나 또한 그 돈을 벌 수 있다고 희망한다. 그것은 말 그대로 희망일 뿐이다. 그들의 유전자, 환경과 나의 유전자, 환경은 다르다. 그래서 우리는 '좋아 보이는 것'과 '좋은 것'을 구별할 줄 알아야 한다. 그것을 구별하지 못하면 많은 시간과 돈을 잃게 된다. 나처럼 말이다.

세일즈로 성공하기를 원하는 당신은 지금 어떤 시간을 보내고 있는가? 어디에 가장 많은 돈을 지출하는가? 우리는 세일즈를 잘하고 싶다는 마음만으로 성공할 수 없다. 내가 정말 마음을 쓰고 있다는 증거가 있어야 한다. 내가 세일즈에 미쳐 모든 시간과 돈을 투자한 정도로 당신도 집착하라는 말을 하는 게 아니다. 하지만 당신이 어느 위치에 있는지, 정말 원하는 것이 무엇인지 한 번쯤 돌아봐야 한다고 생각한다. 지금 쓰고 있는 당신의 돈과 시간이 당신의 미래이기 때문이다. 부디 더 나은 곳에 돈과 시간을 투자하길 바란다.

TM영업으로 억대 연봉 버는 비법

실패 경험이 쌓인다고
성공하는 것은 아니다

아내와 결혼한 지 얼마 안 되었을 때, 우리 부부는 강원도로 여행을 가기로 했다. 그러다 나는 이보다 더 좋은 시간을 보내는 방법은 없을까 생각했다. 그때 아이디어가 떠올랐다.

내 아내는 어렵게 어린 시절을 보낸 일명 흙수저다. 그녀는 스스로 벌어 대학을 졸업했고, 영어도 독학으로 배웠다. 국내에서 스피킹을 정복한다는 게 결코 쉬운 일은 아닐 텐데 그녀는 자유롭게 영어를 구사한다. 그리고 자신만의 노하우를 살려 영어학원을 열었고, 그렇게 가난에서 벗어나 중산층까지 올라올 수 있었다.

그녀는 지독하리만큼 돈을 모았고, 전형적인 자수성가 여성이다. 한 가지 안타까운 점은 그녀의 경제 IQ가 높지 않았다는 것이다. 그래서 그녀는 돈을 한 장 한 장 모으기만 했을 뿐 그 돈을 레버리지로 불리지 못했다.

그녀가 나의 수강생으로 PCM 교육을 듣기 시작했을 때 나는 그녀에게 재무 컨설팅을 해줬다. 하지만 그녀는 어디부터 어떻게 시작해야 할지 모르겠다며 막막하게 생각했다.

우리는 주식이나 부동산을 하려면 뭔가 거창한 공부를 해야 한다고 생각한다. 물론 맞는 말이다. 하지만 공부만 한다고 투자를 할 수 있는 것도, 수익을 낼 수 있는 것도 아니다. 가장 빠르게 배우는 길은 직접 해보는 거다. 그래서 나는 현장에서 어떻게 부동산 거래가 이뤄지는지 그녀에게 직접 보여줘야겠다고 생각했다.

나는 강원도로 여행을 가기 전날, 직접 부동산 중개업소에 전화해서 약 13건의 아파트 물건을 보기로 예약했다. 그리고 아내에게 강원도 여행 대신 부동산 쇼핑을 제안했다. 그날따라 아내는 내 제안을 흔쾌히 받아들였다. 우리 부부의 첫 부동산 쇼핑이 시작된 것이다.

우리는 주로 소형 아파트 물건을 눈여겨봤다. 물건마다 특징이 있었고, 한번 보고 나올 때마다 나는 아내의 표정을 살펴봤다. 약 열 번째 물건을 봤을 때, 나는 드디어 기회를 포착했다. 아내도 똑같은 물건에 호감을 보였다. 무엇보다 가격이 저평가되어 있었고, 급매로 나왔다는 게 마음에 들었다. 다른 아파트보다 저렴한 가격일 뿐만 아니라 다른 물건들에는 없던 뻥 뚫린 전망도 독보적이었다.

여기서 중요한 포인트는 시중 가격보다 훨씬 저렴하다는 것, 현재 세입자가 전세로 들어가 있어서 현금을 얼마 가지고 있지 않아도 당장 구매할 수 있다는 사실이었다. 아내도 금세 이런 사실을 이해하고, 우리는 그날 바로 거래에 착수했다. 혼자 거래할 때보다 아내가 옆에 있어 평소보다 조금 더 신경이 쓰였다.

나는 공인중개사에게 터무니없는 가격을 제안했다. 처음 그 가격을 듣고 아내도 믿기지 않는다는 표정을 지었다. 공인중개사는 매도자가 절대 그 가격에는 안 팔 거라고 했다. 이런 가격을 매도자에게 제안하면, 그가 화를 내며 자기에게 다시는 물건을 안 줄 거라는 말도 덧붙이면서 말이다. 다들 내가 제안한 가격에 어이가 없는 듯했다.

하지만 나는 세일즈맨 출신이 아니던가? 오늘 이 거래를 이뤄내기 위해 나는 다양한 명분을 갖춰야만 했다. 예를 들면 공인중개 비용을 충분히 잘 챙겨 줄 거라는 이익에 대한 기대감 주기, 이 거래 말고도 다음 지역 방문을 계획하고 있다며 지도를 보여주기, 우리는 현금이 준비되어 있고 지금 당장이라도 계약할 수 있다는 믿음 주기 등 말이다.

나는 공인중개사에게 전화를 걸어서 내가 시키는 대로 가격을 제안해보라고 권했다. 그녀는 어쩔 줄 몰라 하며 전화했다. 매도자는 당연히 노발대발했다. 공인중개사는 내가 알려준 대로 멘트를 했고, 매도자는 잠시 생각해본다며 전화를 끊었다.

나는 잠시 기다리다가 공인중개사에게 다시 전화를 걸라고 했다. 공인중개사는 또다시 마지못해 전화했다. 그리고 예상했던 대로 매도자는 미끼를 물었다.

그렇게 우리는 무려 최소 4,000만 원에서 최대 6,000만 원 정도 저렴한 가격으로 거래했다. 공인중개사는 내가 한 제안을 매도자가 받아들였다는 사실에 소름이 돋는다고 했다. 아내는 계약서에 서명하고, 눈을 동그랗게 뜬 채 나를 쳐다봤다. 그녀는 자신의 눈앞에서 벌어진 일들이 믿기지 않는다면서 입꼬리가 귀에 걸렸다. 우리는 하루 만에 5,000만 원의 수익을 올리며, 강원도 여행보다 훨씬 값진 시간을 보냈다.

물론 이런 부동산 투자를 내가 처음부터 잘했던 것은 아니다. 지금으로부터 약 12년 전부터 나는 부자들의 생각과 행동에 대해 궁금해했다. 그들의 세미나를 수십 차례 참석하고 나서 알게 된 것은 그들이 판매를 통해 얻은 소득 대부분을 부동산에 투자한다는 것이었다. 그 당시 나는 학생의 신분이었기에 투자에 관해서는 엄두를 내지 못했다. 하지만 사회 초년생이 된 이후부터 나는 투자의 현장에 필요한 정보들을 본격적으로 수집하기 시작했다.

2013년에 내가 한국에 와서 첫 번째로 한 일은 주변의 분양 사무소와 모델하우스를 방문해보는 것이었다. 그 당시 나는 어머니와 정왕동 원룸에 살고 있었다. 우리가 가지고 있던 현금은 총 2,000만 원도 안 되었다. 우리의 현실은 가난했다. 그러나 우리의 생각은 절대 가난하지 않았다.

누군가는 영업 실적이 안 좋아 무기력하게 하루를 보낸다. 앞날에 대한 두려움을 달래기 위해 매일 저녁을 술로 보내는 경우도 많다. 하지만 나는 나의 실적과 현실에 일희일비하지 않았다. 나는 늘 정장을 차려입고 모델하우스를 찾아다녔다. 내가 앞으로 살고 싶은 집 또는 월세를 받을 집을 상상만 하기보다 직접 눈으로 보고 느끼는 것이 내게 큰 동기부여가 되었기 때문이다.

영업은 주로 눈에 보이지 않는 잠재적 가치에 대해 고객을 설득하는 일이다. 그리고 고객은 잠재적 가치에 비해 가격이 저렴하다고 판단될 때 지갑을 연다. 그래서 영업인은 고객이 보이지 않는 잠재적 가치를 믿도록 만들어야 한다. 나 또한 이 일에 대부분 시간을 보냈다. 하지만 나는 자산만큼은 보이지 않는 것이 아닌, 보이는 것으로 해야 한다고 생각했다.

그렇다 보니 투자의 방향에서도 주식, 코인보다는 직접 눈으로 볼 수 있는 자산을 선호하게 되었다. 그래서 부동산을 한 채씩 끌어모으는 것이 신사임당 지폐를 한 장씩 쌓아 올리는 것보다 낫다고 생각했다. 왜냐하면 화폐가치는 갈수록 떨어지는 반면, 집값은 오르기 때문이다.

누군가는 궁금할 것이다. 세일즈 책에 내가 왜 자꾸 부동산 이야기를 하는지 말이다. 우리가 지금 하는 일은 영업이 맞다. 하지만 영업으로 번 돈을 제대로 관리하지 못하면, 결국 평생 제자리걸음을 걷게 된다.

우리가 영업하면서 겪는 크고 작은 거절과 실패의 경험을 피할 수는 없다. 하지만 그 거절과 실패의 경험이 쌓인다고 반드시 성공하는 것은 아니다. 성공하기 위해서는 성공자의 로드맵을 볼 수 있는 눈이 있어야 한다. 내가 2014년부터 멘토로 삼고 있는 그랜트 카돈은 전 세계적으로 유명한 세일즈맨이자 부동산 투자가다.

중산층 가정에서 태어난 카돈은 열한 살 때 아빠를 잃었다. 그의 엄마는 혼자서 아이 셋을 키워야만 했다. 막내로 태어난 카돈은 청소년 때 잘못된 친구와 어울리면서 마약에 빠져 스물여섯 살까지 지옥의 삶을 살았다. 그러던 어느 날 그는 새로운 삶을 살자고 결심한다.

먼저 그는 주변의 모든 관계를 끊었다. 그리고 만 달러 정도 되는 돈을 엄마에게서 빌려 마약 치유 센터에 지불하고 겨우 마약 중독을 치료했다. 마땅한 직업이 없던 그는 결국 자동차 판매원으로 일하게 된다. 그는 지금도 자신이 가장 하기 싫은 일이 판매업이라고 고백한다. 하지만 당시 그를 고용해주는 다른 곳은 어디에도 없었다. 그는 매일 판매기술을 올리기 위해 온갖 노력을 다했다. 그 결과 자신이 근무하던 부서에서 톱 세일즈맨으로 인정받게 된다. 고소득을 버는 기술을 찾아내는 데 성공한 것이다.

　이후 그는 직접 컨설팅 회사를 만들어, 연 매출 수백억 원을 달성하기도 한다. 여기에서 중요한 것은 보통의 세일즈맨들과 다르게 카돈은 자신이 벌어들인 소득 대부분을 부동산 구입에 지불했다는 것이다. 겉으로 보기에는 늘 똑같은 도요타 자가용을 몰고 다니고, 싸구려 청바지에 셔츠, 넥타이를 매고 다녔다. 하지만 시간이 지날수록 그의 자산은 커져만 갔다. 그렇게 그는 30대 중반에 백만장자가 되었지만, 아무도 그 사실을 몰랐다. 현재 60대 중반인 그는 한화로 약 4조 원 되는 부동산 자산을 보유하고 있을 정도다.

　그랜트 카돈은 실패 경험이 쌓인다고 성공하는 것은 절대 아니라고 늘 말한다. 즉 성공 경험이 많이 쌓여야 성공할 수 있다는 것이다. TM영업에 관련해 많은 사람이 나에게 문의한다. 그리고 수강을 시작하면, 그들은 짧은 시간 안에 많은 심리적 변화를 경험한다. 그동안 늘 을의 심리로 영업했다면, 나를 만나 갑의 심리를 얻는 것이다.

　내가 아내와 함께한 자리에서 부동산 거래를 잘 해낼 수 있었던 것은 이전에 부동산으로 돈을 벌어본 성공 경험과 승자의 심리가 있었기 때문이다. 이런 심리는 영업, 부동산 거래 외에 모든 영역에서 적용된다. 그래서 우리는 작게라도 성공하는 경험을 많이 해야 한다. 작은 성공의 경험은 또 다른 승자의 심리로 연결되기 때문이다.

TM영업으로
억대 연봉
버는 비법

포기하지 않았던 것이
가장 큰 자산이 되었다

2011년 어느 날, 내 인생에서 절대 잊을 수 없는 경험을 했다. 나는 약 3만 명이 참석하는 컨퍼런스에서 VIP 좌석에 앉아 트럼프의 연설을 직접 듣는 영광을 가지게 되었다. 그날은 나에게 정말 특별했다. 미국의 대가인 억만장자의 강의를 들어서일까? 물론 그렇다고 볼 수도 있다. 하지만 아쉽게도 그 당시 나의 영어 실력은 모든 강의를 소화할 수 없었다. 내가 알아들었던 영어는 고작 몇 개의 단어밖에 안 되었다. 그중 하나가 바로 "절대 포기하지 마(Never ever give up)!"였다. 하지만 이 문장은 내 인생에 있어서 성공하기 위한 모든 조건과 의미를 포함하고 있었다. 그리고 곧 깨닫게 되었다. 누군가의 인생을 통째로 바꿀 수 있는 데는 이 한마디면 충분하다는 것을.

어느 여름날, 나는 영업에 관련된 인터뷰 방송 채널을 유튜브에 만들어야겠다고 결심했다. 나는 실장 1명을 고용했고, 곧바로 TM영업을 시작했다. 실장과 나는 인터넷에서 전화번호를 찾아 영업 사원들에게 전화를 걸었다. 그것은 내가 한 번도 시도하지 않은 도전이었다. 하지만 우리는 제법 잘 적응해갔다.

나는 어머니가 살고 계신 작은 주택을 사무실로 꾸몄다. 사람이 살기에는 부족함이 없지만, 사람을 초대해서 방송 인터뷰까지 하는 데는 한계가 있는 장소였다. 무엇보다 여름에 에어컨도 없이 선풍기에 의존해야 하는 신세였다. 한 번에 연속으로 여러 사람을 인터뷰할 때는 선풍기 3대로도 모자라 난처할 때가 한두 번이 아니었다. 인터뷰 촬영이 끝나면 너무 더워서 밖으로 뛰쳐나가야 할 정도였다. 하지만 나는 초기에 했던 사업으로 많은 돈을 잃었기 때문에 에어컨 한 대를 설치할 여유도 없었다. 결국 나는 에어컨 없이 인터뷰를 강행했다.

어떤 사람은 인터뷰를 마치고 나서 자신의 영상을 유튜브 채널에 올리지 말아 달라고 부탁했다. 인터뷰를 하다 보니 자신이 크게 내세울 것이 없다는 것을 스스로 깨달았기 때문이다.

이런 소리를 듣고 나면 나는 기운이 빠질 수밖에 없었다. 인터뷰 채널이 활성화되어야 그다음 사업 모델을 그려볼 수 있던 내게는 한 사람의 인터뷰도 아쉬운 상황이었다. 그 당시 나는 인터뷰 방송만 했을 뿐, 당장 일어나는 소득이 없었다. 그리고 직원의 인건비는 계속 지불해야만 했다.

한 사람을 초대해 성공적으로 인터뷰를 하는 데까지 필요한 게 시간만은 아니었다. 그 속에는 수많은 거절과 실망도 분명 함께 존재한다. 그리고 이 일을 지속할지, 그만둘지 내적인 갈등도 끊임없이 생긴다. 이런 일을 통해 언젠가 성공한다는 보장도 없기 때문이다. 자칫하면 그냥 또 하나의 실패작으로 끝날 수도 있다. 다행히 나는 성공적으로 인터뷰를 마쳤고, 업계에서 조금씩 우리를 알아보는 사람이 늘기 시작했다.

주식 투자 업계에서 성공한 사람들이 공통으로 하는 말이 있다. "가치 있는 유망주를 찾아 장기적으로 투자하는 것이 최고의 투자 방법이다"라는 것이다. 이런 투자 방식에 있어서 나도 동의하지 않는 것은 아니다. 다만 일반인에게 이런 조언이 얼마나 도움이 되었는지, 그 증거를 어디에서도 찾아볼 수 없을 뿐이다.

모든 성공에는 인내심이 따른다. 반대로 한 영역에서 누구나 인내심을 가지고 꾸준히 하면 성공한다. 하지만 이런 인내심의 한계를 모두 극복하지 못해 실패를 반복하는 것도 사실이다. 이것은 내가 호주에서 트럼프에게 들었던 "절대 포기하지 마 (Never ever give up)!"의 의미에 대해서 매번 회상하게 만드는 이유이기도 하다.

호주에 정착한 지 얼마 안 되었을 때였다. 영어 실력을 늘리려는 목적으로 나는 닥치는 대로 모든 것을 시도해야만 했다. 나는 멜버른 블랙번이라는 동네의 한 교회에 방문했다. 외국인은 1명도 찾아볼 수 없는 교회였다. 예배 시간이 끝나면 커피 타임이 시작된다. 나이별로 다양한 사람들이 모여 각자 인사하고, 이야기를 나누고 있었다. 이런 장면은 영화에서나 있을 뿐 현실에서 내가 겪을 줄은 상상도 못 했다.

이런 환경이 낯설고 불편했지만, 한편으로는 영어를 배울 수 있어서 좋았다. 그러나 누군가 내게 말을 걸었을 때, 내가 할 수 있었던 말은 고작 인사말 몇 마디 정도였다. 좀 더 깊은 대화를 시도하다가도 서로의 말을 알아듣지 못해 어색한 웃음으로 끝나는 경우가 대부분이었다. 그래서 교회 문을 열고 밖으로 나올 때면 나는 항상 기분이 우울했다. 그리고 또다시 일요일이 되면 교회에 가야 할지, 말아야 할지 망설여졌다. 하지만 나는 절대 멈추지 않았다.

한 지역에서 언어의 장벽 때문에 친구 1명을 제대로 사귈 수도 없다는 것은 스트레스 그 자체였다. 하지만 내가 유일하게 버티고 다시 도전할 수 있었던 현실적인 이유는 따로 있었다. 그것은 바로 호주에서 하루하루 나가는 나의 경제적 지출이었다. 어머니가 한국에서 피땀으로 벌어 돈을 보내주고 있는 상황에서 나는 뭐라도 보답해야만 했다. 그리고 이런 압력은 곧 나에게 좋은 결과를 가져다줬다.

누군가는 호주에 가면 영어 실력이 자동으로 향상될 거라고 기대할 것이다. 물론 환경적인 요소 덕분에 많은 도움이 되는 것은 사실이다. 하지만 나의 경험에 의하면, 호주에서 유학하는 대부분 사람은 자신의 국적에 국한되어 친구들을 사귄다. 학교 수업을 마치고 나면 중국인은 중국인끼리, 한국인은 한국인끼리 어울려 다녔다.

나의 경우 중국어와 한국어를 모두 할 수 있는 것이 꼭 좋지만은 않았다. 중국 학생이나 한국 학생들이 나에게 영어를 하려고 들지 않았기 때문이다. 이런 사실을 알게 된 나는 억지로 그들을 피해 다닌 적도 있다. 물론 나에게도 그들과 어울리고 싶은 유혹은 있었다. 하지만 내가 호주에 오게 된 이유를 다시 한번 생각하면서 늘 자신을 다스리곤 했다. 이렇게 나는 남들이 10년 넘게 적응해도 배울 수 없는 영어를 3년이 채 안 된 시점에 유창하게 할 수 있었다.

우리는 모두 성공한 삶을 원한다. 많은 사람이 자녀교육에 돈을 쏟아붓는 이유이기도 하다. 사회적 성공에는 많은 것이 포함되지만, 많은 것을 한다고 반드시 성공하는 것도 아니다. 하지만 성공에 있어 절대 빠질 수 없는 것이 인내심이다.

내가 1인 창업하면서 좌절의 시간을 극복하게 만든 것도 인내심이었다. 안 되는 영어를 끝까지 배워보려고 꾸준히 애쓰게 만든 것도 인내심이었다. 뒤돌아보면 인내심 없이 해낼 수 있던 것은 아무것도 없었다. 그리고 나의 수강생 중에서도 경제적으로 성공 궤도를 달리는 사람들은 모두 인내심의 결과라고 볼 수 있다.

한국에 처음 왔을 때, 나는 안산 원곡동에 있는 한 지하창고를 빌려 사무실로 개조했다. 강의실로 사용할 목적으로 돈을 모두 끌어모아 책상과 의자도 중고로 사다 놓았다. 지하사무실 특징상 여름이면 냄새가 나고 곰팡이도 자주 꼈다. 벌레와 거미는 늘 함께였다. 그 당시 월세가 35만 원이었다. 이것은 나에게 매우 부담스러운 돈이었다. 매달 월세 내는 날이면 은행 잔고가 부족해 나는 늘 돈에 시달리면서 살았다.

경제적인 상황이 좋지 않아도 버티면 될 거라고 나는 믿었다. 하지만 시간이 흘러도 상황은 좀처럼 나아지지 않았다. 결국 나는 많은 돈을 잃고 2년 만에 폐업 신고를 했다.

지금 돌이켜 보면 이런 시도는 무모해 보일 뿐이다. 그 당시 나는 영업에 관련해 아무것도 몰랐다. 어떻게 나의 사업 아이템을 잠재고객에게 홍보하는지도 전혀 몰랐다. 실패를 할 수밖에 없는 요소들이 1~2가지가 아니었다. 그리고 이것은 나를 지켜보는 가족과 나 자신 모두에게 슬픈 결과라고 볼 수 있다. 나는 자신에 대한 원망과 분노가 치밀어 올랐다.

하지만 오늘날 나의 성공이 있기까지 이런 경험이 절대 가치가 없는 것은 아니다. 나는 실패의 쓰라린 경험에서 강한 책임감을 배웠다. 성공을 향한 간절함도 더욱 커졌다. 나는 그 어느 때보다 강인해졌다. 그리고 이런 실패를 통해 누구보다 깊은 고민을 했다. 그 고민의 대상에는 내가 얻은 모든 지식과 노하우를 훔쳐 간 사람도 포함된다.

이런 일이 있을 때마다 모든 것을 포기할 생각을 안 해본 것은 아니다. 하지만 나는 절대 원점으로 돌아갈 수 없었다. 무엇보다 나의 인내심의 한계가 대체 어디까지인지 실험하고 싶다는 오기가 생겼다. 그리고 이런 오기는 나를 한 걸음씩 앞으로 나아가게 했다.

한 분야에서 12년이라는 인내의 시간을 보낸 결과, 시간은 나에게 축복으로 다가왔다. 나는 내가 하는 일에 대해 누구보다 자부심을 느낀다. 그동안 내가 인내했던 모든 것이 단순히 나의 경제적인 성공으로만 이어지지 않았기 때문이다.

인내를 통해 형성된 나의 정체성은 나의 수강생들에게도 긍정적 영향을 미치고 있다. 그들은 '콜드콜'이라는 하나의 콘텐츠만을 배우는 것이 아닌, 나의 경험과 정체성을 배우고 있다. 그리고 그들의 삶이 빠르게 변해가고 있다. 이런 나의 경험과 정체성은 앞으로 우리와 함께할 사람에게도 희망이 될 것이라 확신한다. 내가 포기하지 않았던 것은 내게 가장 큰 자산이 되었다. 그리고 누군가에게도 자산이 될 것이다.

TM영업으로 억대 연봉 버는 비법

제1판 1쇄 2022년 11월 10일
제1판 2쇄 2023년 7월 14일

지은이 아이스 강(QUAN GUANGLONG)
펴낸이 최경선 **펴낸곳** 매경출판㈜
기획제작 ㈜두드림미디어
책임편집 배성분 **디자인** 디자인 뜰채 apexmino@hanmail.net
마케팅 김성현, 한동우, 구민지

매경출판㈜
등 록 2003년 4월 24일(No. 2-3759)
주 소 (04557) 서울시 중구 충무로 2(필동 1가) 매일경제 별관 2층 매경출판㈜
홈페이지 www.mkbook.co.kr
전 화 02)333-3577
이메일 dodreamedia@naver.com(원고 투고 및 출판 관련 문의)
인쇄·제본 ㈜M-print 031)8071-0961
ISBN 979-11-6484-460-9 (03320)

책 내용에 관한 궁금증은 표지 앞날개에 있는 저자의 이메일이나
저자의 각종 SNS 연락처로 문의해주시길 바랍니다.